安岡正篤 光明蔵 を読む

郷学研修所・安岡正篤記念館
副理事長兼所長
荒井 桂

致知出版社

刊行に寄せて

本書が金鶏《きんけい》学院精舎誦集《しょうじゃしょうしゅう》特刊として刊行された昭和二年は、関東軍による張《ちょう》作霖《さくりん》爆殺事件、狂信的日本精神論、国粋《こくすい》主義の蔓延《まんえん》、一方で大正デモクラシーの風《ふう》潮《ちょう》が未だ余韻《よいん》を残し風俗紊乱《びんらん》の様相を呈《てい》していた時代でもあった。

このような日本の混乱した現状に対して父は、「今日、憂《うれ》うべきことの一つの大事は、心なき人々が、妄《みだ》りに日本主義、王道、皇道《こうどう》を振り廻《まわ》して、他国に驕《おご》ることであります。これは決して日本精神、皇道を世界に光被《こうひ》するゆえんではない」と戒めており、この病める時代の風潮に警鐘《けいしょう》を鳴らすために昭和二年、「儒教を中心に東西聖賢の学を修む」、「特に日本民族精神並びに国体と治道を研究し、社稷《しゃしょく》の士を養う」などを目的とする私塾的学院である金鶏学院を創立している。

さらにこの時期、都市の頽廃《たいはい》が進む一方で農村の窮状《きゅうじょう》、衰退《すいたい》を防いで健全な農業振興と質朴剛健《しっぼくごうけん》な人材教育が、国家が永遠に存立するために欠かせぬ急務であることを、各界の心ある方々に警鐘を響かせていた。

昭和六年、この念願を実現するため農村の無名にして有為《ゆうい》な青年達を養成する郷学《きょうがく》教育の学堂である日本農士学校を金鶏学院の一道業として設立している。

設立の趣旨《しゅし》はつぎのとおりである。

「国家の明日、人民の永福を考える人々は、是非とも活眼《かつがん》を地方の農村に放って、此処《ここ》に信仰あり、哲学あり、詩情あって、而《しこう》して鋤鍬《すきくわ》を手にしつつ毅然《きぜん》として中央を睥睨《へいげい》し、周章《あわて》ず騒がず、身を修め、家を斉《ととの》え、余力あらば先《ま》ずその町村からして小独立国家にしたてあげていこうという土豪《どごう》や篤農《とくのう》や郷《きょう》先生を造っていかねばならない」

この日本農士学校を設立したことについて、父は自分の生涯における最高の傑作《けっさく》だったと後年述懐《じゅっかい》していた。

本書は、先哲《せんてつ》の名言、警語《けいご》を引用して、人生いかに生《い》くべきかを説いたものであり、金鶏学院、日本農士学校の若き学生達の心に大きな感動を与えていた。

あらためてその構成をみてみると、冒頭の「開巻語」と巻末の「三省語」を含めて三十編から成り立っている。その中からいくつかの編について触れてみたい。

一、蓼莪《りくが》（出典『詩経《しきょう》』）

人として生をうけた子が、親に対する感恩報謝の情意《じょうい》、つまり「孝心《こうしん》」について徳の本《もと》なりと説いている。『孝経』に「身体髪膚《はっぷ》これを父母に受く。あえて毀傷《きしょう》せざるは孝の始めなり」という至言があるが、人として生きる最も大切なことといえる。

二、憤《ふん》（出典『士志論』他）

「為学《いがく》の道は士心を立つるに在り」

橋本左内《さない》は十五歳の時、『啓発録《けいはつろく》』を書き、「稚心《ちしん》を去れ。気を振《ふる》え。志を立てよ。学に勉めよ。交友を択《えら》ぶ」の五項目を挙げているが、幕末明治の志士達には若くして立志という「憤」があった。

三、内訟《ないしょう》（出典『論語《ろんご》』他）
「寮中《りょうちゅう》の清衆《せいしゅう》時々《じじ》に是の如《ごと》く内訟すべし」として、君子、賢者、聖人のありようを引用して、変革を担っていく若い学生達に自分の悩み苦しみなど、あらゆる煩悩《ぼんのう》を自分の良心に訴える内面的充実を求めている。

四、生死《しょうじ》（出典『修証義《しゅうしょうぎ》』他）
「朝《あした》に道を聞けば、夕《ゆうべ》に死すとも可なり」の語は、仏典にある「不惜身命《ふしゃくしんみょう》　但惜《たんしゃく》　身命《しんみょう》」また父の「六中観《りくちゅうかん》」にある「死中活《しちゅうかつ》あり」と同義といえる。

読者の方々には、本書を活読して人として生きる不変の規範を汲《く》みとっていただきたい。さらに東洋倫理の真髄《しんずい》を論じ、人の真実の生き方を説いた『東洋倫理概論』（玄黄社）、現在致知出版社からも復刻出版されている『いかに生くべきか—東洋倫理概論』を併読《へいどく》していただければ幸甚《こうじん》である。

最後に本書出版にあたって、当研修所の荒井桂副理事長・所長に「出典・大意・注釈・解説」など日夜にわたって執筆の労を煩《わずら》わした。その労に深謝《しんしゃ》いたしたい。

平成二十四年八月

公益財団法人　郷学研修所・安岡正篤記念館
理事長　安岡正泰

『光明蔵』の由来

昭和三十九年十一月刊の『新編光明蔵《こうみょうぞう》』の「はしがき」で、安岡正篤先生は、『光明蔵』の由来を次のように述べておられる。

私は、戦前自分の主宰した学院で、古人の名詩名文の素読・朗読を奨励《しょうれい》した。この風は、今日も尚《なお》、全国到《いた》る処《ところ》に残っていて、感を深《ふこ》うすることがある。当時その素読・朗読用に小冊子を編《へん》して「光明蔵」と題した。心の光明の無尽蔵の意味である。

これは、数十年の間に一の人格が摂取してきた精神的栄養物で、心の相通《あいつう》ずる所ある人々には、消化されて、統一ある思想・信念の体系となるものである。

光明蔵とは、本来、仏教の用語で心の異名であり、自己の本心をいう。自己の本心は、無明《むみよう》を破り、真如《しんによ》の光を輝かす智慧《ちえ》光明を収蔵《しゆうぞう》するところなので光明蔵といわれる。

道元禅師《どうげんぜんじ》の『正法眼蔵《しようぼうげんぞう》』に「光明」の巻があり、懐奘《えじよう》禅師には、『光明蔵三昧《ざんまい》』一巻があって、自己の身心、本来の面目《めんもく》を光明に喩《たと》えて後人《こうじん》に重誡《じゆうかい》している。

これは、儒教の「明徳《めいとく》」「良知《りようち》」に相当するといえよう。

これらをふまえて「心の光明の無尽蔵の意味で」『光明蔵』と題されたこの小冊子は、昭和四（一九二九）年暮れの初刊以来、版を重ね、爾来《じらい》敗戦まで「何万冊と出たもの」であった。

こうして『光明蔵』は、金鶏学院から日本農士学校に「学道の門」として継承され、真摯《しんし》な学徒の座右の書として重んじられたのであった。往時《おうじ》を回顧し「この『光明蔵』は菅谷《すがや》山荘の学道の門であった。春窓《しゆんそう》夢深き暁天《ぎようてん》の朝参《ちようさん》に、松籟《しようらい》秋清き林中の夜坐《やざ》、この書に親しむにつれ、心の扉を開きつつ、学道の妙道《みようどう》を指向し、時には欣喜《きんき》躍躍《やくやく》、男児の血を揺《ゆさ》ぶり又深省《しんせい》の淵《ふち》に投げ込まれた」と述懐されるほどの影響力を発揮し続けたのである。

『光明蔵』の内容を見ると、安岡教学の淵源《えんげん》となる和漢の古典から、その核心をなす珠玉《しゆぎよく》の名篇《めいへん》を摘出して編まれたものだけに、当初から初学者には難解とされ、渡邊敏夫《わたなべとしお》氏の注釈《ちゆうしやく》が施《ほどこ》されていたのである。しかし、今日この注釈もまた難解とされる現状にあるといわざるを得ない。

このため、珠玉の名篇より成る『光明蔵』を今日に活かすためには、改めて、その「出典」「大意」「注釈」及び「解説」を加え、新たに一書を編纂《へんさん》する必要があると考えられた次第である。

書名を『安岡正篤「光明蔵」を読む』としたゆえんである。

＊『光明蔵』原本は旧字・旧仮名遣いによって書かれていますが、本書の編集にあたっては、原本引用部分を新字・新仮名遣いに改めました。

安岡正篤「光明蔵」を読む　目次

装　幀——川上成夫
編集協力——柏木孝之

安岡正篤「光明蔵」を読む

1――開巻語

敬《つつし》んで至尊《しそん》に白《もう》す。臣等《しんら》至尊に依《よ》って最勝《さいしょう》の国土に生れ、至極《しごく》の盛徳《せいとく》を仰ぐを得たり。願わくば益々烝民《じょうみん》を化育《かいく》し、群品《ぐんぴん》を陶甄《とうけん》し、皇運天壌《こううんてんじょう》と与《とも》に窮《きわ》まり無からんことを。

敬んで聖賢《せいけん》に白す。生等《せいら》遺教《いきょう》に依って幸《さいわい》に昏黒《こんこく》長夜《ちょうや》の迷夢《めいむ》より覚《さ》め、一切転倒《いっさいてんとう》の心意を救い、天下の広居《こうきょ》に居り、天下の正位《せいい》に立ち、天下の大道《だいどう》を行くことを知る。願わくば益々徳風《とくふう》に薫《くん》じて仁義《じんぎ》を修《おさ》め、深く経巻《けいかん》を探《たず》ねて智慧《ちえ》海の如くならん。

敬んで父母に白す。児等《こら》恩愛《おんあい》に依って得難《えがた》き人身《にんしん》を受け、逢《あ》い難き聖学に就《つ》くを得たり。この徳いかでか報ゆるを得ん。惟《た》だ願わくば愛愍《あわれみ》を垂れて不肖《われ》を覆護《まも》り、孝道《こうどう》に於《おい》て咎《とが》無からしめ給《たま》え。

〔出　典〕

神道《しんとう》・儒学《じゅがく》・仏教等、東洋教学の経典《けいてん》。直接の引用もあり、間接にふまえた表現も見られる。

〔大　意〕

敬《つつし》んで至尊《しそん》に申しあげます。私共国民は、至尊のお蔭《かげ》によって世界で最もすぐれた国土に生まれ、最高の徳のそなわった至尊を仰《あお》ぎ頂いて生きてゆくことができます。その恩に感謝の気持ちをこめて更に乞《こ》い願わくは、ますます万民をはぐくみそだて、万物を統《す》べ治《おさ》めたまい、皇室の繁栄が、天地と同様に永遠でありますように。

敬んで古聖先賢《こせいせんけん》に申しあげます。私共学徒は、お遺《のこ》しになった教えのお蔭に依って幸《さいわい》に、暗く長い夜の悪い夢のような無知の状態を脱し、すべてにわたって誤った心の在り方から救われ、立派な人間としての正しい生き方、在り方を学び知ることができました。その恩に感謝の気持ちをこめて更に願わくは、私共が御遺徳《ごいとく》に薫陶《くんとう》されて、人として踏《ふ》み行うべき正しい道を体得し、深く経典を探究して智慧《ちえ》が海のように広く深くなりたいところです。

敬んで父母に申しあげます。私共子供達は、父母の恩恵のお蔭によって得難い人間としての生を受け、逢《あ》い難い尊い教えを学ぶことができました。この恩恵に、どうしたら報謝《ほうしゃ》することができるのでしょうか。その恩に感謝ちの気持ちをこめて願わくは、いつくしみとあわれみのお気持ちで、ずっと不肖《ふしょう》の私共を見守っていて下さり、孝行の道であやまちを起こさないよう守って下さいますように。

○注　釈

・**至尊**…天皇・天子の漢文風呼称。

・**成徳**…完成した徳。

・**烝民**…もろもろの人民、万民。

・**化育**…天地自然が万物を生じ育てること。造化《ぞうか》の生成化育の営み。ここでは、そのように人民に仁政《じんせい》を施すことの意。

・**群品**…万物・衆生《しゅじょう》。

・**陶甄**…陶人《とうじん》が陶器を作ること。転じて王者が天下を治めること。

・**皇運**…皇室の運命、天皇の勢威。

・**天壌と与に窮まり無からん**…天照大神《あまてらすおおみかみ》が天孫《てんそん》に下した天壌無窮《てんじょうむきゅう》の詔勅《しょうちょく》の言葉「宝祚《あまつひつぎ》の隆《さか》えまさむこと当《まさ》に天壌と窮《きわま》り無かるべし」を承《う》けた表現。宝祚は皇位、天子の位。ここでは皇運と言い換えている。天皇家が日本を支配すべきことと、その繁栄の永続性を寿《ことほ》ぐ内容。

・**聖賢**…聖人と賢人。古聖先賢《こせいせんけん》などと言いならわされている。

・**一切転倒**…般若心経《はんにゃしんぎょう》に見えることば、「一切の顚倒夢想《てんどうむそう》を遠離《おんり》して涅槃《ねはん》を究竟《くぎょう》す」とある。顚倒夢想は、煩悩より起こる妄念《もうねん》。転倒は、ひっくりかえること。真理にもとった見方、在り方。誤謬《ごびゅう》。誤った心の在り方の比喩《ひゆ》的表現。

・**天下の広居に居り**…『孟子』滕文公《とうぶんこう》下のことば。大丈夫《だいじょうふ》（傑出《けっしゅつ》した人物）のあるべき生き方、在り方を比喩的に表現したものの引用。「仁という広い家に住み、礼という天下の正しい位置に立って事を行い、義という天下の大きい道を堂々と歩いていく」という意味。仁《じん》・義《ぎ》・礼《れい》は、儒教の三大徳目。

・**深く経巻を探ね**…仏典の「三帰礼文《さんきらいもん》」のことば「深く経蔵《きょうぞう》に入りて、智慧《ちえ》海の如くならん」をふまえた表現。

・**得難き人身を受け**…仏教では「人身《にんしん》得ること難し、仏法値《あ》うこと希《ま》れなり」と教え、「已《すで》に受け難き人身を受けたるのみにあらず、遇ひ難き仏法に値《あ》い奉《たてまつ》れり、生死《しょうじ》の中の善生、最勝の生なるべし」（『修《しゅう》証《しょう》義《ぎ》』）と説いている。これをふまえての表現。「値《あ》い」を「逢い」に、「仏法」を「聖学」に言い換えている。

・**不肖**…親に似ないで愚かなこと。自分のことをへりくだっていう語。

・**孝道**…『孝経《こうきょう》』に詳しく説かれている「孝行」つまり、よく父母につかえる道。儒教では、「それ孝は徳の本なり。教の由って生ずる所なり」として、「孝」を道徳と教育の根元として最重視している。

〈解説〉

開巻語は、大切な書物を開いて、学び始めるに先だって、自らの学びの心構えを確認し、誓願《せいがん》の気持ちをこめて称《とな》える短いことばであり、仏教の経典《きょうてん》の「開経偈《かいぎょうげ》」から発想されたものと思われる。

内容は、三つに要約されているが、いずれも、感恩報謝《かんおんほうしゃ》のこころ、つまり、恩恵を有り難いと感ずる「感恩の情」とその恩恵に報い感謝しようとする「報謝の意志」を結びつけた「情意《じょうい》」をふまえて確認し、誓願《せいがん》の気持ちをあらわす内容となっている。

東洋の教学においては、この感恩報謝の情意こそ、人の道を学ぼうとする者の不可欠の前提とされていたからである。ここでは、『心地観経《しんじかんきょう》』の説く、父母の恩・衆生の恩・国王の恩・三宝《さんぽう》（仏・法・僧）の恩の「四恩《しおん》」のうち、儒教にも通ずる「三恩」、つまり、至尊・聖賢及び父母の「三恩」を挙げて、感恩報謝の情意を確かめようとしている。

昭和の初め、金鶏《きんけい》学院・日本農士学校の人づくりが推進された時代は、大日本帝国憲法（明治憲法）が、「国体」の根幹をなしており、その第一条には、「大日本帝国は万世一系の天皇これを統治す」と規定され、第三条には、「天皇は神聖にして侵すべからず」、第四条には、「天皇は国の元首《げんしゅ》にして統治権を総攬《そうらん》し…」と規定されていた。「至尊」とは、このように規定された天皇の漢文風の尊称《そんしょう》である。今日でいう「国家・社会」つまり「公の恩恵」を象徴《しょうちょう》し代表するところは、当時は、「至尊」にほかならなかった。

2――蓼《りく》莪《が》

蓼蓼《りくりく》たるは莪《が》。莪に匪《あら》ずんば伊《こ》れ蒿《こう》。哀哀《あいあい》、父母。我を生んで劬《く》労《ろう》せり。

蓼蓼たるは莪。莪に匪ずんば伊れ蔚《い》。哀哀、父母。我を生んで労《ろう》瘁《すい》せり。

缾《かめ》の罄《つ》くる、維《こ》れ罍《らい》の恥。鮮民《せんみん》の生ける、死の久しきに如《し》かず。父無くんば何をか怙《たの》まん。母無くんば何をか恃《たの》まん。出でては則《すなわ》ち恤《うれい》を銜《ふく》み、入っては則ち至る靡《な》し。

父や我れを生《お》ほし、母や我れを鞠《やしな》い、我を拊《な》で、我れを畜《はぐく》み、我れを長《たか》くし、我を育《そだ》て、我れを顧《かえり》み、我れを復《あまたたび》し、出入我れを腹《ふところ》にせし、之の徳に報いんと欲すれども、昊天極《こうてんきわ》まり罔《な》し。

南山烈烈《なんざんれつれつ》。飄風発発《ひょうふうはつはつ》。民穀《よ》からざる莫《な》きに、我れ独り何ぞ害《そこな》わるる。

南山律律《りつりつ》。飄風弗弗《ふつふつ》。民穀からざる莫きに、我れ独り卒《お》えず。

是れ詩経《しきょう》小雅《しょうが》に伝う。学人時々に誦読《しょうどく》して乳慕《にゅうぼ》の情を忘るべからず。

〔出　典〕

『詩経《しきょう》』「小雅」の詩。『詩経』は儒教の経典《けいてん》「五経《ごきょう》」の一つ。孔子は、「詩三百《しさんびゃく》、一言以《もっ》て之を蔽《おお》う。曰《いわ》く、思邪無《おもいよこしまな》し」と称え、人の真情の発露《はつろ》として、門人《もんじん》に詩を学ぶことを教えた。

〔大　意〕

生長する若い莪《よもぎ》も、秋になると莪ではなく丈《たけ》高い蒿《こう》となってしまう。哀しいかな、父母は我《わたし》を生んで苦労された。

生長する若い莪も、秋になると莪ではなく荒々しい蔚《い》となってしまう。哀しいかな、父母は我を生んで疲れ、やつれられた。

缾《かめ》（父母）が空っぽになるように、孝養《こうよう》もできず父母が死んでしまったのは、罍《おおかめ》（子である我）が貧苦のための恥だ。不遇で孤独なものは早く死んだ方がましだ。父がいなければ、何に頼ろうか、母がいなければ、何に頼ればいいのか。外に出ても気持ちは晴れず、家に帰っても頼るあてどもない。

父は我を生み、母は我を養育してくれた。我をかわいがり、我を成長させ、いつも見守っていて、外でも中でも抱きかかえてくれた。この恩徳に報謝しようと思うけれども、それができないのでは天を怨《うら》みたい。

南山《なんざん》は険《けわ》しく風は吹き荒れる。（山よ風よ）人はみな幸せに生きているのに、我ひとりだけ父母に孝養できず、心を傷めねばならぬのか。

南山は険しく風は吹き荒れる。（山よ風よ）人はみな幸せに生きているのに、我ひとりだけ父母に孝養できず、憂《うれ》えねばならぬのか。

これは、『詩経』の小雅に伝える詩である。人の道を学ぶ者は、折《おり》にふれてこの詩を声に出して読み、父母の恩愛への感謝と慕情《ぼじょう》を忘れぬようにせねばならない。

○注　釈

・**蓼蓼**…長く伸び大きく生長するさま。
・**莪**…かわらよもぎ。きく科の多年草。祭祀《さいし》に供《きょう》される美菜《びさい》で、祖霊《それい》を招き慰安《いあん》を祈願するために、香り高いその若菜が用いられる。
・**蒿**…莪《よもぎ》の丈高く生長したもので、香りも失せてとても食べられぬ賤草となってしまったもの。蔚（おとこよもぎ）も同じ。
・**哀哀**…苦労をかけてきた父母の死を哀れみ悲しむ表現。その苦労に報いることのできぬ恨みの気持ちも含まれている。
・**劬労**…骨折り苦労するの意。
・**労瘁**…病み疲れるの意。

・**缾**…瓶《びん》と同じ。酒器（水汲《く》み器）の小さなもの。
・**罄**…尽きること。
・**罍**…酒器（水貯めの品）の大きなもの。
・**鮮民**…孤独で貧しくよるべない民。ここでは自分のこと。
・**怙む**…頼りとする。
・**恤を銜む**…憂いを抱く。気が晴れない。
・**至る靡し**…帰する所無し。頼りとなる親しきあてども無い。
・**鞠う**…養育する。育むも同じ。
・**拊づ**…撫に同じ。
・**育つ**…かばい育てる。
・**腹にす**…抱きかかえる。
・**昊天極まり罔し**…奥深い大いなる天は、果てしない。天徳の果てしなく広大なるように、父母の恩徳の極まりないことをいう（朱子の説）。
・**南山**…終南山。周王朝の鎮護《ちんご》を祈願する山。

・**烈烈**…山が高く険しいさま。

・**飄風**…つむじ風。

・**発発**…勢いの速く激しいさま。

・**穀し**…よい。養う。

・**害わる**…父母を養うことができないという凶害に心傷むの意。

・**卒う**…やり遂げる。終える。憂える。

〈解　説〉

安岡正篤著『東洋倫理概論』は、全巻を通じて、孝と感恩報謝を人の道（倫理）の根柢に置いている。「孝悌《こうてい》」の章に始まり「報謝の生活」の章で終わっている。その中の「感恩報謝」の項で、次のように説いている点に注目したい。

よく天に順《したが》う時、我々にまず生ずるものは、敬虔《けいけん》な感恩の情およびこれと不可分の報謝の意志である。我々が悠々《ゆうゆう》たる天地を静観する時、何かは知らず敬虔な心持ちに打たれ、心平らかなれば、その時思わず努力を誓わずにいられぬのは、とりもなおさず天地に対する感恩の情、報謝の意志の油然《ゆぜん》たる発露《はつろ》に他ならない。

この情意は我々が地上に人として生まれると、まず親に対して懐《いだ》くのが最初である。人として生まれ出たる子がその親に対しておのずから催《もよお》す感恩報謝の情意を、実に、「孝心」あるいは単に「孝」という、孝こそは我々が、その最も直接的な造《ぞう》化《か》に対する帰順合一であり、孝によって我々ははじめて真の意味の人となり、あらゆる道徳的行為はここより発する。真に孝は徳の本であり、教えのよって生ずるところである（『孝経』首章参照）。

このように、親は人にとって最も直接な造化《ぞうか》であり、その造化の生成化育に対するおのずからなる感恩報謝の心の発動が孝行で、孝行こそ誠に百行の基《もとい》であるとする考えは、東洋思想の根柢として共通するところである。

「蓼莪」の詩は、父母は私を生んで苦労ばかりされたのに、私は今は亡き人となった父母の恩徳に、子として何も報いることができなかったと「風樹の悲しみ」を歎《なげ》き訴えて、古来、「孝心」「乳慕《にゅうぼ》の情」を代表する詩とされてきた。この詩が『光明蔵』の劈頭《へきとう》に置かれたのは、必然といわねばなるまい。

3――道　友

寮中《りょうちゅう》の清衆《せいしゅう》互に敬重《けいちょう》し、自他顧憐《これん》し、潜《ひそ》かに難値難遇《なんちなんぐう》の念《おもい》を忘れず、乳水《にゅうすい》の如《ごと》く和合《わごう》すべし。若《も》し懈怠《けたい》あらば当《まさ》に之を諫《いさ》むべし。若し垂誨《すいかい》あらば当に之に順《したが》うべし。此《こ》れぞ是れ切琢《せったく》の巨益《きょやく》、訂砭《ていへん》の利済《りさい》たるものか。苟《いやしく》も善く明徳《めいとく》を明らかにせる良友に交《まじわ》り、幸《さいわい》に聖《せい》賢《けん》の楽地《らくち》に参す。亦慶快ならずや。世間の兄弟すら猶《な》お異族に比せず。いかに況《いわ》んや学道の兄弟に於《おい》てをや。学道の兄弟は自己よりも親しむべし。仏家《ぶっけ》曰く、孤舟《こしゅう》共に渡るすら尚お夙因《しゅくいん》あり。九夏の同居豈《あ》に曩《のう》分無からんやと。須《すべか》く知るべし、即今《そくこん》の対牀《たいしょう》由来する所深きを。

寮中の清衆最も古経《きょう》並びに聖賢の語録文章を看《み》、常に古教照《こきょうしょう》心《しん》の祖訓《そくん》に合すべし。妄想《もうそう》して空しく時節を過《すご》すこと勿れ。無義《むぎ》の語、無益《むやく》の語、雑穢《ぞうえ》の語、無慚愧《ざんき》の語を弄《ろう》すべからず。閑《いとま》有らば抱甕灌蔬《ほうおうかんそ》し、灑掃清談《さいそうせいだん》すべし。初学笑うべからず。素樸《そぼく》軽んずべからず。たとえ笑わるるも瞋恚《しんい》する勿れ。軽んぜらるるも怨恨《えんこん》する勿れ。況《いわ》んや又下々《げげ》の人に上々智《じょうじょうち》有り。上々の人に没意智《ぼついち》あり。治乱の迹《あと》を顧れば、文常《ぶん》に質《しつ》を待つに於てをや。唯だ誠ならんのみ。

〔出典〕

道元禅師《どうげんぜんじ》の「興聖寺重雲堂式《こうしょうじじゅううんどうしき》」及び「永平寺衆寮箴規《えいへいじしゅりょうしんき》」の直接の引用文を、安岡先生が一部、言い換えて一般化している。

〔大意〕

寝食を共にし寮生活をしている清純な学徒たちよ。相互に敬い重んじ、自他共に顧憐《これん》し合って、人と生まれ人とめぐり会うことの有り難さを内心忘れることなく、乳水《にゅうすい》のように和合《わごう》しなければならない。

もし仲間に懈怠《けたい》があれば、互いに諫《いさ》め合わねばならぬ、もし教えて忠告してくれる者があれば、素直にこれに順《したが》わなければならぬ。こうすることこそ、切磋琢磨《せっさたくま》の大きな効果であり、いましめ改める利益なのだ。かりにも、明徳《めいとく》を明らかにし得た良友と交わり、幸《さいわい》に聖賢の楽しむ境地に赴《おもむ》くことができるとは、何とよろこばしく愉快なことではないか。世の中一般の兄弟ですら、他人とは比較できないほど親密なのだ、ましてや人の道を学ぶ同志の朋友《ほうゆう》の間は、一層親密でなければならぬ。むしろ自分に親しむよりも親密であるべきだ。仏道で教えている。孤舟《こしゅう》に一緒に乗り合わせることですら、前世からの因縁《いんねん》があってのことであり、ましてや夏安居《げあんご》で同居して一緒に道業《どうごう》を修し合う朋友が前世からの因縁によらないなどということはありえない。だから、この今の対牀《たいしょう》は深い因縁に由来することを知らねばならない。

寝食を共にして寮生活をしている清純な学徒たちよ。古い経典を共に古聖先賢《こせいせんけん》の語録、文章を読んで、常に古教照心《こきょうしょうしん》という先人の教訓に従わねばならぬ。無理にそむく分別などして時間を過ごしてはならない。無義の語、無益の語、雑穢《ぞうえ》の語、無慚愧《ざんき》の語を弄《ろう》してはならない。そんな閑《ひま》があれば、野菜に水をやり、清掃して清談《せいだん》すべきである。学道の初心者を笑ってはならない。素樸《そぼく》な道業を軽んじてはならない。逆の立場で、初心者として笑われても怒ってはならない。素樸な道業と軽んじられても怨んではならない。ましてや身分の低い人にこの上なくよい智恵があったり、最も上の人にも意味のない智恵しかなかったりする場合もあり、人の世の治《ち》乱興亡《らんこうぼう》の歴史を顧《かえり》みれば、文《ぶん》（名目）と質《しつ》（実質）との均衡《きんこう》が常に求められてきたことを考えれば、それは当然のことといえる。ただ誠実につとめるほかはないのだ。

○注　釈

・**寮中の清衆**…宇治深草の興聖寺《こうしょうじ》時代、僧林《そうりん》で修行する者の生活規律として道元禅師が示した峻厳《しゅんげん》な訓戒が「重雲堂式」であり、越前の永平寺時代のそれが「衆寮箴規」である。この両者で用いられている僧林で修行する者への呼びかけの総称が、この「寮中の清衆」という話である。この語を用いて、日本農士学校で寝食を共にして学ぶ学徒に呼びかけている。

・**難値難遇の念**…容易に会い遇うことのできない良き因縁と心に感ずること。「重雲堂式」の「あひがたきにあひて、をこなひがたきをおこなう、まことのおもひ」に当たる。

・**懈怠**…なまけること。修行をおこたること。精進の対句。

・**垂誨**…教えをたれる。

・**切琢**…切瑳琢磨の略。玉や石を切ったり磨いたりして細工するように、学問や道徳に励むこと、友人どうし競い合い励まし合って、自分をみがくこと。

・**巨益**…大きな利益。

・**訂砭**…ただし、いましめること。

・**利済**…役に立つたすけ。有効な救済。

・**明徳を明らかにす**…『大学《だいがく》』の三綱領《さんこうりょう》の一つ。輝かしい徳を学んでそれを一層輝かせていくこと。学問の主眼である。

・**夙因**…前世の因縁。

・**九夏の同居**…一夏九旬のこと。夏安居《げあんご》は、四月より七月に至る三カ月間、仏弟子が一所に定住して静かに道業を修すること。

・**嚢分**…嚢は、昔、久の意。分は分際、分限の意、夙因《しゅくいん》と同意で、前世よりの因縁の意。

・**対牀**…寝台を並べて同宿し、寝食を共にして学び合う仲間、間柄。

・**古経**…「衆寮箴規」では大乗経となっているが、安岡先生は古経と言い換え、儒教の聖《せい》経賢伝《けんけんでん》も含まれるようにした。

・**古教照心**…道元禅師の重視した禅宗の祖訓。

・**妄想**…真理にそむく分別の心。

・**無義の語**…「衆寮箴規」に「寮中は世間の事、名利の事、国土の治乱、供衆の麁細《そさい》を談話すべからず。是を無義の語、無益の語、雑穢の語、無慚愧の語と名づく」とある。修行に有害無益な話などするなという戒めの意。

・**抱甕灌蔬**…晉《しん》の陶侃《とうかん》は朝夕百個の水甕《みずがめ》を邸内で運び歩いて体力の衰えを防ぎ、一旦、国に事有る時に備えた故事をふまえて、日頃から体をきたえ、農耕にいそしむことを奨《すす》めている。

・**灑掃**…ふき掃除をすること。

・**清談**…高尚な話、俗ばなれした話。灑掃《さいそう》と清談《せいだん》の両者は、学業生活に必要な作業や会話をいう。
・**瞋恚**…いかり憎むこと。仏教の三毒《さんどく》の一つ。
・**怨恨**…うらみ憎むこと。
・**没意智**…意味のない智恵。
・**文常に質を待つ**…『論語』雍也《ようや》篇に、「子曰《いわ》く、質、文に勝てば則《すなわ》ち野。文、質に勝てば則ち史、文質彬々《ぶんしつひんぴん》として然《しか》る後君子なり」とある語をふまえた表現。自身小造化《ぞうか》である人間は、その分化発現《ぶんかはつげん》の本性から、とかく文に流れて質を失い易《やす》いが、文華《ぶんか》はただ凋落《ちょうらく》を待つのみ、根本の実質あってはじめて不断に栄えると考えた安岡先生の文章である。

〔解　説〕

安岡正篤先生は、昭和初期の政治・経済・社会の混迷を打開する方途《ほうと》の一つとして、地方農村の立て直しに着目して、その中核となる人物の養成を図るため日本農士学校を設立し、その教育に心血を注いだ。

その人物養成の教育においては、師弟同行、寝食を共にして学道に励むことを眼目としていた。その際、安岡先生は、若き日以来、心酔《しんすい》している道元禅師の禅の仏道修行の方法を参考にして、「重雲堂式」（前半期に当たる宇治深草の興聖寺時代、僧林で修行する者の生活規律として示した峻厳《しゅんげん》な訓戒。和文で書かれた『正法眼蔵』所収）と「衆寮箴規」（後半期の越前の永平寺時代のそれ。より詳細な記述があり、『永平大清規』所収）とに依拠して、日本農士学校の「学道箴規十則」を作り、同時に『光明蔵』の「道友」の項を綴《つづ》られた。

とくに、この「道友」の項の文章は、「衆寮箴規」の文章を主とし「重雲堂式」のそれも加味したものを根幹として、その中の用語を禅仏教のみならず広く人物養成の観点から置き換えて安岡先生がまとめたものである。

安岡先生は、その生涯を通して「学びて厭《いと》わず、人を誨《おし》えて倦《う》まず」の姿勢を貫かれた。その学びと教えの両面で私淑《ししゅく》された範例の代表が、孔子であり道元禅師であった。この道友の項は、その代表例の一つである。

4——愛　語

今人怨憎《こんじんえんぞう》多く雑言《ぞうごん》盛にして、仁者《じんしゃ》の愛語《あいご》まことに稀《まれ》なり。道元《どうげん》禅師曰《いわ》く、愛語というは、衆生《しゅじょう》をみるにまず慈愛《じあい》の心をおこし、顧《こ》愛《あい》の言語《ごんご》をほどこすなり。おおよそ暴悪の言語無きなり。世俗には安否《あんぴ》を問う礼儀あり。仏道には珍重《ちんちょう》のことばあり。不審《ふしん》の孝行あり。慈念衆生猶如赤子《じねんしゅじょうゆうにょしゃくし》のおもいをたくわえて言語するは愛語なり。徳あるはほむべし。徳なきはあわれむべし。愛語をこのむよりは、ようやく愛語を増長《ぞうちょう》するなり。しかあれば、日頃知られず見えざる愛語も現前《げんぜん》するなり。現在の身命《しんみょう》の存せらんあいだ、このんで愛語すべし。世々生々《せぜしょうじょう》にも不退転《ふたいてん》ならん。怨敵《おんてき》を降伏《ごうぶく》し、君子を和《わ》睦《ぼく》ならしむること愛語を根本とするなり。むかいて愛語を聞くは、おもてをよろこばしめ、こころをたのしくす。むかわずして愛語をきくは、肝に銘じ、魂に銘ず。しるべし、愛語は愛心よりおこる。愛心は慈心《じしん》を種子とせり。愛語よく廻天《かいてん》の力あることを学すべきなり。ただ能を賞するのみにあらずと。知るべし、釈氏《しゃく》の心訣《けつ》は惟《た》だ慈悲《じひ》の二字に在り。孔門の学脈《がくみゃく》亦仁の一字に存するを。

〔出　典〕

道元『正法眼蔵《しょうぼうげんぞう》』菩提薩埵四摂法《ぼだいさつたししょうぼう》の巻、愛語の項。『修証義《しゅうしょうぎ》』発願利生《ほつがんりしょう》の章にも引用されている。菩薩四摂法《ぼさつししょうぼう》、つまり布施《ふせ》・愛語《あいご》・利行《りぎょう》・同事《どうじ》のうちの愛語を説いた文章。導入と結語は、安岡先生の文章。

〔大　意〕

今の人には、怨恨《えんこん》や憎悪《ぞうお》が多く、悪口雑言が盛んで、道を得た仁人の慈愛に満ちた語はまことに稀《まれ》である。道元禅師はいう。愛語というのは、衆生《しゅじょう》をみて慈《いつく》しみ愛する心をおこし、心にかけて慈愛《じあい》のことばを語ることである。およそ荒々しいことばはつつしむことである。世俗にも安否を問うという礼儀があり、仏道には、お大事にと自愛自重《じちょう》をすすめることばがあり、また、ご機嫌伺《きげんうかが》いの礼儀がある。「衆生を慈しみ念ずることとは、猶《な》お赤子のごとし」というが、そのような思いを心に深くたくわえてかけることばを愛語というのである。徳あるものはほめるがよい。徳なきものは憐《あわ》れむがよい。その愛語を好むところから、いつとはなしに愛語は成長してくるのである。そうすれば常日頃は思いもかけないような愛語も、ふっと現れてくるようなこともある。だから、いまのこの身命のつづくかぎりは、好んで愛語するようにつとめるがよい。また次の世にも後の生にも退転することのないよう念ずるがよい。怨敵《おんてき》を降服させるにも、君子を仲睦《なかむつ》まじくさせるにも、いつも愛語を根本とするのである。面と向かって愛語をきけば、自然に顔によろこびがあらわれ、心をたのしくさせる。面と向かいあわず人伝《ひとづた》えに愛語をきけば、心に肝銘《かんめい》し魂にしみとおるだろう。愛語は愛心に根ざしており、愛心は慈心を種子としているからである。まことに愛語は、よく天を廻《めぐ》らすほどの力あるものであることを学ばなければならない。愛語は相手の能力を称えるだけでなく、人生を一変させる力を持つものなのである。

釈迦《しゃか》の教えの奥義は、「慈悲」の二字にあり、孔子の学問の命脈もまた、「仁」の一字に存することを知らねばならない。

○注　釈

・**愛語**…衆生《しゅじょう》に接するとき、先ず慈愛の心を起こして話しかける愛のこもったことば。無量寿経《むりょうじゅきょう》にも、「和顔愛語《わげんあいご》」とある。

・**道元禅師**…道元（一二〇〇～一二五三）、諱《いみな》は希玄《きげん》。父は久我通親《こがみちちか》、母は藤原基房《ふじわらのもとふさ》の女《むすめ》。三歳で父を、八歳で母を失う。十三歳で叡山に入り得度《とくど》。後に健仁寺に至り、栄西《えいさい》禅師の高弟、明全《みょうぜん》に師事し、一二二三年共に入宋《にっそう》、諸寺を歴訪した後、天童山の如浄《にょじょう》禅師に参じて、一二二五年得悟《とくご》、曹洞禅の正脈を継承。その名利《みょうり》を超越した「只管打坐《しかんだざ》」の禅を受けて一二二七年帰国。日本曹洞宗を開いた。一二三三年宇治深草に興聖寺《こうしょうじ》を開き、住すること十余年、『正法眼蔵』の撰述《せんじゅつ》につとめた。一二四三年越前に移り、永平寺を開き教化と著述につとめた。不朽《ふきゅう》の名著とされる『正法眼蔵』九十五巻の他、『普勧坐禅儀《ふかんざぜんぎ》』『傘松道詠《さんしょうどうえい》』等、多数の著述がある。「ただに日本曹洞の開祖のみならず、人類の道元」と高く評価する碩学《せきがく》もいる。

・**安否を問う礼儀**…「お体はいかがですか」などの挨拶。

・**珍重のことば**…「お大事に」（珍重）と自重自愛をすすめる挨拶。

・**不審の孝行**…「ごきげんはいかがでございましょうか」などの、目上の人に向かっていう挨拶。

・**慈念衆生猶如赤子**…衆生を慈念《じねん》すること、猶《なお》赤子の如し（衆生を慈しみおもうこと、ちょうど赤ちゃんに対してと同じようにする）の意。

・**愛語をこのむよりは**…愛語を好んで用いることから、または、愛語を好み、それを実行することによっての意。

・**世々生々**…次の世、後の生にわたっても、また、未来の世、未来の生においてもの意。

・**不退転**…かたく信じて変えないこと。屈しないこと。仏教で、再び迷界に退転することのない地。

・**心訣**…奥義。大切な方法。

・**慈悲**…仏がすべての衆生に対し、生死輪廻《しょうじりんね》の苦から解脱《げだつ》させようとする憐愍《れんみん》の心。智慧と並んで仏教が基本とする徳目。他者に利益や安楽を与える（与楽《よらく》）いつくしみを意味する「慈」と、他者の苦に同情し、これを抜済《ばっさい》しようとする（抜苦《ばっく》）思いやりを表す「悲」の両語を併挙《へいきょ》したもの。また、慈を父の愛に、悲を母の愛にたとえることもある。

・**学脈**…学問の肝心な所、急所、命脈。

・**仁**…己に克ち、他者に対するいたわりのある心。愛情を他者に及ぼすこと。儒教の徳目のうち最も大切とされるもの。安岡先生は、仁とは、天地・自然の生成化育の人間に現れた徳のことをいう、と説明している。

〈解　説〉

道元禅師の主著『正法眼蔵』九十五巻は、禅仏教の真髄《しんずい》を集大成したものとして、安岡教学では、最も重んじている古典である。その要諦《ようてい》を抜粋《ばっすい》した『修証義』もまた同様である。

若き日の安岡先生は、この難解を極めるとされる不朽の名著に直参《じきさん》・読破し遂に心酔の書とされた。『光明蔵』の中にも、特に「道友」、「愛語」及び「生死」の三項目をとりあげ、若き学徒に朗誦《ろうしょう》をすすめている。

晩年の名講演録とされる『禅と陽明学』の書名からもうかがわれるように、安岡教学においては、禅がたいへん重要視された。『正法眼蔵』の中から、「道友」「愛語」及び「生死」の三大項目が『光明蔵』にとりあげられたゆえんである。

5——受任者

孟子曰《もうしいわ》く、舜《しゅん》は畎畝《けんぽ》の中《うち》より発《おこ》り、傅説《ふえつ》は版築《はんちく》の間より挙げられ、膠鬲《こうかく》は魚塩の中より挙げられ、管夷吾《かんいご》は士《し》より挙げられ、孫叔敖《そんしゅくごう》は海より挙げられ、百里奚《ひゃくりけい》は市《し》より挙げらる。故《ゆえ》に天の将《まさ》に大任を是《こ》の人に降さんとするや、必ず先《ま》ず其《そ》の心志《しんし》を苦しめ、其の筋骨《きんこつ》を労し、其の体膚《たいふ》を餓《う》えしめ、其の身を空乏《くうぼう》にし、行《おこない》には其の為す所を払乱《ふつらん》す。心を動かし、性を忍び、其の能くせざる所を曽益《ぞうえき》する所以《ゆえん》なり。人・恒《つね》に過ちて然る後に能く改む。心に困《くるし》み慮《おもい》に衡《あらそ》うてしかる後に作《おこ》る。色に徴《ちょう》し声に発してしかる後に喩《さと》る。入りては則ち法家払士《ほうかふっし》無く、出でては則ち敵国外患《がいかん》無き者は、国・恒《つね》に亡ぶ。然る後、憂患《ゆうかん》に生きて安楽《あんらく》に死するを知ると。

吾曹《わがともがら》身心昏昧《こんまい》にして道理を見ること深からざるがゆえに、毎《つね》に安楽を求め、順境《じゅんきょう》を欲し、却《かえ》って安楽に失い、順境に死す。道・険夷《けんい》に在り、地《ち》に随って楽む。此れは是れ聖賢心法の秘奥《ひおう》なり。

〔出典〕

『孟子』告子《こくし》下。末尾三行は、安岡先生のまとめの文章。

〔大意〕

孟子がいう。舜《しゅん》は、自ら農耕に携っているところを、挙げ用いられて天子にまでなり、傅説《ふえつ》は、道路工事の人夫《じんぷ》から取り立てられて宰相《さいしょう》となり、膠鬲《こうかく》は、魚や塩を売っているところを登用され、管夷吾《かんいご》は、獄吏《ごくり》に囚《とら》われているところを取り立てられて宰相となり、孫叔敖《そんしゅくごう》は、海浜《かいひん》にかくれ住んでいたところを挙げ用いられ、百里奚《ひゃくりけい》は、市井《しせい》の間にかくれていたのを引き立てられて宰相となったのである。このように古《いにしえ》の明君賢相《めいくんけんしょう》は、たいてい艱難困苦《かんなんこんく》の試練を経《へ》て台頭《たいとう》している。

これらの例からみると、天が、この人物に大任を負わせようとするときは、必ず、先ずその人物の精神を苦しませ、その筋骨を疲れさせ、その肉体を飢えさせ、その生活を窮乏《きゅうぼう》させ、することなすこと、皆その意図するところに反するような苦境に立たせる。これは天が、その人物を発憤《はっぷん》させ、本性を忍耐強いものとし、いままで出来なかったことも、出来るように鍛錬して、大任を負わせるに足る人物に仕上げようとするためにほかならない。

人は一般に、過って後よく改め、心に苦しみ考えにあまって初めて発憤《はっぷん》し、困苦が心にたまって顔色や声に現れるほどになって、やっと悟ることができるものである。

国家においても同様で、内に法を守る賢臣が無く、外では、対抗すべき敵国・外《がい》患《かん》のない国は、概《おおむ》ね亡んでしまうものである。

こうしてみると、憂患《ゆうかん》に苦しむことによって本当の生き方ができ、安楽にふけると駄目になってしまうことが、よくわかる。

この孟子の教えを承けて、安岡先生のまとめでは、われわれ一同は、身心ともにくらく、深くこの道理を究明していないために、つねに孟子の戒める状況におちいってしまっている。聖賢の心構えのように、道の険しいところも平坦なところも、状況に即応《そくおう》して楽しむという秘奥《ひおう》の境地に学ばなければならない、としている。

◯注　釈

・**畎畝の中**…田畑の中で働いているところ。
・**発り**…身を起こすこと。
・**傅説**…殷《いん》の賢王武丁《ぶてい》に登用され宰相となった賢者。
・**版築の間**…道路工事の人夫《じんぷ》として働いているところ。
・**膠鬲**…殷の紂王《ちゅうおう》の乱を避け隠遁《いんとん》していたが、周の文王に見出されて、その推せんにより紂王に仕えた賢者。
・**魚塩の中**…魚や塩を売って暮らしているところ。
・**管夷吾**…管仲《かんちゅう》のこと。はじめ桓公《かんこう》の兄、公子糾《きょう》を奉《ほう》じて魯《ろ》におり、一旦は桓公と戦ったが、敗れて捕虜となり、親友の鮑叔《ほうしゅく》の推挙《すいきょ》で桓公の宰相となり、桓公を覇者《はしゃ》とするなど大いに活躍した。

・**士**…獄吏《ごくり》のこと。

・**孫叔敖**…楚《そ》の荘王《そうおう》に見出されて宰相となった賢者。

・**百里奚**…虞国《ぐこく》を見限って秦《しん》に行き、繆公《ぼくこう》に仕えた賢者。

・**心志**…心と志、つまり精神。

・**筋骨**…筋肉と骨格、つまり労働する力。

・**体膚**…体や皮膚、つまり身体。

・**空乏**…空は窮、乏は絶、つまり衣食を窮乏《きゅうぼう》させて困らせること。

・**払乱**…払は戻ること。そむき、くいちがうこと、つまり、しようとすることにもとり、なそうとするところを乱すこと。

・**性を忍ぶ**…人の持つ本性を堅忍《けんにん》不抜《ふばつ》に、辛抱強くさせること。

・**曽益**…曽は増、つまり能力を増す、能力を高めること。前には出来なかった能力を高めて出来るようにすること。

・**虞に衡う**（衡フ二於虞ニ一）…衡は横と同じ、充の意もある。胸につかえて考えにあまる。思慮の中に横たわってふさがること。

・**色に徴し声に発す**（徴シ二於色ニ一、発ス二於声ニ一）…心の憂患が外にあらわれる。つまり困苦が心の中に一ぱいになり、ついに外に発して、その顔色や声にあらわれること。

・**法家**…法度《はっと》を守る世臣。

・**払士**…輔弼《ほひつ》の賢士、また、剛直で君の意に払逆する臣とする説もある。

〔**解説**〕

『孟子《もうし》』中の白眉《はくび》とされる大文章で、古来、高い志を抱いて逆境《ぎゃっきょう》にある人を鼓舞《こぶ》し感憤興起《かんぷんこうき》させてきた。『講孟箚記《こうもうさつき》（余話）』にも、佐久間象山・吉田松陰《しょういん》師弟が、この文章を愛誦《あいしょう》して獄囚《ごくしゅう》に耐えたと述懐《じゅっかい》してある。安岡先生が、この一文を選んで『光明蔵』に入れ、『孟子』を代表させたゆえんである。更には、「夷険一節《いけんいっせつ》」（欧陽脩《おうようしゅう》の言葉、自分の歩む道が平坦であろうと険阻《けんそ》であろうと節操《せっそう》を変えない、の意）を、聖賢心法《せいけんしんぽう》の秘奥《ひおう》なりと記して解説を結んだゆえんでもある。

象山が、日夜『孟子』を誦読《しょうどく》し、独りこの文章をとりあげ、一日必ず一誦《いっしょう》した
ように、われわれも、この大文章を誦読したいところである。

6──貧

学人は応《まさ》に原憲顔回《げんけんがんかい》を師と為すべし。史記仲尼弟子《ちゅうじていし》列伝に云《い》う、子思《しし》（原憲の字《あざな》）恥を問う。孔子曰《いわ》く、国・道有れば穀《こく》す、国・道無きに穀するは恥なり。子思曰く、克伐怨欲《こくばつえんよく》行わざる以て仁と為すべきか。孔子曰く、以て難《かた》しと為すべし。仁は則《すなわ》ち吾知らず。孔子卒《しゅっ》す。原憲亡《に》げて草沢《そうたく》の中に在り。子貢《しこう》・衛《えい》に相《しょう》として、駟《し》を結び騎を連ね、藜藿《れいかく》を排《ひら》き、窮閻《きゅうえん》に入り、過《よぎ》って原憲に謝す。憲・弊衣冠を摂《と》り子貢を見る。子貢之を恥じて曰く、夫子《ふうし》豈《あに》に病むか。原憲曰く、吾れ之を聞く。財無き者之を貧《ひん》と謂《い》い、道を学んで行う能《あた》わざる者之を病《へい》と謂うと。憲の如きは貧なり。病に非ず。子貢慙《は》じ、懌《よろこ》ばずして去り、終身《しゅうしん》其の言の過ちしを恥じぬ。

又云う。孔子曰く、賢《けん》なる哉回《かなかい》や。一簞《たん》の食《し》、一瓢《ぴょう》の飲《いん》、陋巷《ろうこう》に在り。人は其の憂《うれい》に堪《た》えず。回や其の楽を改めず。回や愚《ぐ》なるが如し。退《しりぞ》いて其の私を省《かえりみ》れば亦以て発するに足る。回や愚ならず。之《これ》を用《もち》うれば則ち行き、之を捨つれば則ち蔵《かく》る。唯《た》だ我れと爾《なんじ》と是れあるかな。

〔出典〕

司馬遷《しばせん》『史記《しき》』の「仲尼弟子列伝《ちゅうじていしれつでん》」。孔子については別に、王公の事蹟《じせき》を記す「世家《せいか》」に格上げして扱い、「孔子世家」で詳述《しょうじゅつ》している。なお、「仲尼弟子列伝」は、『論語』に依拠《いきょ》した記述が多い。

〔大意〕

道を学ぶ者は、清貧に処《しょ》した原憲《げんけん》（字《あざな》は子思《しし》）・顔回《がんかい》（字は子淵《しえん》）を師として学ばなければならない。この両者について、『史記』仲尼弟子列伝に次のように記されている。

原憲（子思）が、恥とはどんなことかと質問した。孔子は、国に道徳が保たれ、正義が行われている場合、仕え俸禄《ほうろく》を得て志を行うのはよいことだ。しかし、国に道徳が保たれず、正義が行われていない場合、仕えて徒《いたず》らに俸禄を受けることは、志を行い得ず、空しく禄《ろく》のみを食《は》むことであって、これは人として恥ずべきことである、と教えた。原憲はまた、人は、克《こく》・伐《ばつ》・怨《えん》・欲《よく》の四情、つまり、人に勝つことを好み、自分の功をほこり、富貴を得られぬことを怨み、欲ばり貪《むさぼ》る気持ちを抑制し難いものであるが、これを抑制して行わないようになれば、仁（者）となし得ましょうか、と質問した。孔子は、それは、なかなか難しいことで、容易に抑制し難いことと思うが、しかし、それだけで仁（者）といえるかどうか、わたしは知らないと言って、その仁（者）たるを許さなかった。

孔子の死後、原憲は、隠遁《いんとん》して草深い沼沢《しょうたく》に住んで道を楽しんでいた。子貢《しこう》は、衛《えい》の国の大臣に栄達して、四頭立ての馬車に乗り、従騎《じゅうき》を引きつれて、草深い、むさくるしい里を通過した折、そこに隠棲《いんせい》する原憲に挨拶しようと立ち寄った。原憲は、やぶれた衣冠《いかん》をととのえて子貢と会見した。子貢は、原憲のみすぼらしいなりを見て恥ずかしく思い、あなたともあろう方がどうしたのだ、病んでもおられるのか、と言った。これに対して原憲は、わたしは、財の無いのを貧《ひん》と謂《い》い、道を学んでも実行できない者を病と謂うと聞き知っている。自分は貧ではあるが、病ではない（つまり、貧しくはあるが、学んだ道を実践して楽しんでいる）といった。これを聞いて子貢は、己を慙《は》じて心よからず別れて行き、生涯、自分の失言を恥じた。

孔子はいう。賢明だなあ、顔回は。一椀の飯に一杯の汁で、むさくるしい路地に住まっている。普通の人では、そんな貧苦《ひんく》に堪《た》えきれないのに、顔回は、相変わらず道を楽しんで学んでいる。まことに賢明であるなあ、顔回は。

顔回と話していると、唯《ただ》、聴いているだけで、一見、愚か者のようである。しかし、その対座の席を退いて後、顔回の生活を観察すると、悉《ことごと》く私の教えを発展させるに足るものがある。なかなかもって顔回は、愚か者どころではない。

孔子が顔回に向かって、自分をみとめ用いてくれる者があれば出でてわが道を行い、見捨てて用いてくれなければ、わが道を心にひそめて、じっとかくれる。このように出処進退の宣《よろ》しきを得るのは、まず、私とお前ぐらいのものだなあといった(それほどに孔子は顔回の人物を認めていたのである)。

○**注　釈**

・**国・道有れば…、国・道無きに…**『論語』憲問《けんもん》篇に「憲、恥を問う。子曰く、邦《くに》、道あれば穀す。邦、道無くして穀するは恥なり」とある。国に道徳が保たれ、正義が行われている場合と、それらが失われ行われない場合とを対比して、何が恥であるか説いている。同じく泰伯《たいはく》篇に「邦に道有るに貧しく且《か》つ賤《いや》しきは恥なり。邦に道無きに富み且つ貴きは恥なり」とあるのと同じ趣旨である。

・**穀す**…仕えて俸禄《ほうろく》をもらうこと。

・**克伐怨欲**…克は、他人に勝とうとすること。伐は、己の功を他にほこること。怨は、己の不満をうらみいかること。欲は、貪欲。つまり、克・伐は、己の有するところによって他に対し加えんとする考えであり、怨と欲は、自分の持たぬ物によって他に対する心である。この四つは、当時の成語として語られた言葉と考えられている。この語も、『論語』憲問篇の語。

・**駟を結び騎を連ね**…四頭の馬を車に結び、従騎を引き連れて。

・**藜藿**…あかざと豆。ここでは貧しい集落の意。

・**窮閻**…むさくるしい里。貧しいちまた。

・**謝す**…挨拶する。

・**慙ず**…自ら恥じるのを慙という。はじいる。

・**懌ばず**…よろこばない。心地よくない。

・**賢なる哉回や**…『論語』雍也《ようや》篇に見える、孔子が顔回（淵）を称賛《しょうさん》した語。まことに顔回は賢者である、との意。繰り返されている。

・**一箪の食**…一箇の箪（竹で編んだ飯を盛る器）の飯。

・**一瓢の飲**…一箇の瓢（ひさごを半分に割った汁入れ）の飲み物。「一箪の食、一瓢の飲」は、貧しい食事の意。

・**陋巷**…いやしいちまた。むさくるしい路地裏。

・**其の私**…顔回の私生活の言行。

・**発するに足る**…三説あり。一は、教えを一層発明するに足る。二は、啓発するに足る人物とみる。三は、その言行から、却《かえ》って啓発を受けるに足る。いずれも、賢明さを称えることばである。

・**之を用うれば**…以下は、『論語』述而《じゅつじ》篇の孔子が顔淵（回）に謂ったことば。自分をみとめて用いてくれる者があれば、出でてわが道を行い、みすてて用いてくれなければ、わが道をじっとひそめて（巻いてふところの中にかくす）じっとかくれる。（かくの如き行蔵《こうぞう》、つまり進退は人としてなかなか難しいことではあるが）ただ私となんじとだけ、このようなことをなし得るであろう。原文の「用之則行、舎之則蔵」の二句から、「用《よう》舎《じゃ》行蔵」という成語が生まれ、出処進退《しゅっしょしんたい》を意味するようになった。安岡教学でも、人の生き方の中で最も大切でしかも難しいこの出処進退を重視するが、この章は、それをみごとになし得る人物として、師の孔子が顔回を称えていることで知られている。

〈解　説〉

安岡教学の淵源《えんげん》として、司馬遷の『史記』のしめる比重は大きい。安岡教学が重視する「出処進退」に関する項目「貧」において『史記』の記述が全面的に引用されていることにも、『史記』への思い入れの深さがあらわれているといえよう。

「士、江湖《こうこ》に在って、道、愈々《いよいよ》尊し」としばしば説かれた安岡先生は、野に在って道を修め楽しむ処士《しょし》を尊敬し、自らも、処士を以《もっ》て任じておられた。「出処進退」「用舎行蔵《ようしゃこうぞう》」の中でも、「処と退」「舎と蔵」の在り方を重視しておられたのである。「貧」に引用された司馬遷の記述は、前半、寡欲《かよく》、清廉《せいれん》の士を代表する、やや狷介《けんかい》な原憲の「処・退」「舎・蔵」と、才幹《さいかん》、栄達の士を代表する子貢の「出・進」「用・行」とを対比し、後半、孔子が顔回にのみ許した「用舎行蔵」の見事さを称賛し、原憲と顔回とに共通する「処・退」「舎・蔵」の類似を強調して、司馬遷の感動をそのまま伝えている。

これは、『中庸《ちゅうよう》』の「君子はその位に素《そ》して行ない、その外《ほか》を願わず。富貴《ふうき》に素しては富貴に行ない、貧賤《ひんせん》に素しては貧賤に行ない、……入るとして自得《じとく》せざることなし」に、また『孟子』の「志を得れば民と之に由《よ》り、志を得ざれば独《ひと》り其《そ》の道を行なう」に、それぞれ継承され、東洋人物学の要諦《ようてい》として定着していくことになる。

「無名にして有力なる人物たれ」との安岡先生の教えの由って来たる所は、この伝統に存したのである。

7──詠　史

我れ左思《さし》の詩を愛す。曰《いわ》く、吾れ段干木《だんかんぼく》を希《こいねが》う。偃息《えんそく》して魏《ぎ》君に藩《はん》たり。吾れ魯仲連《ろちゆうれん》を慕《した》う。談笑して秦《しん》軍を却《しりぞ》く。世に当って不羈《ふき》を貴び、難に遭《あ》うて能く紛《ふん》を解く。功成って賞を受くるを恥じ、高節卓《たく》として群《ぐん》せず。組《そ》に臨むも繋《つな》ぐを肯《がえん》ぜず。珪《けい》に対するも寧《いずくん》ぞ肯《あえ》て分たん。皓天白日《こうてんはくじつ》を舒《の》べ、霊景神州《れいけいしんしゆう》に耀《かがや》く。連甍前庭《れんじぜんてい》に曜《かがや》くも、之を比する猶《な》お浮雲のごとし。雲の浮べるが若し。峩峩《がが》たる高門の内、藹々《あいあい》たるは皆王侯。攀龍《はんりゆう》の客に非ざるよりは、何為《す》れぞ欻《たちま》ち来り遊ばん。褐《かつ》を被て閶闔《しようこう》を出で、高歩して許由《きよゆう》を追う。衣を千仭《せんじん》の岡に振い、足を万里の流に濯《あら》う。

主父《しゅほ》は宦《かん》して達せず。骨肉も還《ま》た相薄《うす》んず。買臣《ばいしん》は樵采《しょうさい》に困《くるし》み、伉儷《つま》宅に安んぜず。陳平《ちんぺい》は産業無く、帰来負郭《ふかく》に翳《かく》る。長卿《ちょうけい》は成都《と》に還《かえ》り、壁立《へきりつ》何ぞ寥廓《りょうかく》たる。四賢《しけん》豈《あ》に偉ならざらんや。遺烈篇《いれつへん》籍《せき》に光る。其の未だ時に遇わざるに当っては、憂《うれい》・溝壑《がく》に塡《したが》うに在り。英雄も迍邅《ちゅんてん》あり。由来古昔《こせき》よりす。何の世か奇才《きさい》なからん。之を遺《のこ》して草沢《そうたく》に在らしむ。

〔出　典〕

昭明太子《しょうめいたいし》編『文選』所載の左思《さし》の「詠史詩《えいしし》八首」の中の三首。

〔大　意〕

わたしは、左思の詠史詩を、中でも次にあげる三首の詩を愛好する。

（その一首に曰《いわ》く）

わたしは、戦国時代の魏《ぎ》の高士・賢者段干木《だんかんぼく》のようでありたい。かれは、臥《が》して休んで何もしていないのに、国の守りとなった。また斉《さい》の名士魯仲連《ろちゆうれん》のようでもありたい。かれは、談笑のうちに秦《しん》軍をしりぞけた。魯仲連は、世に処《しよ》しては、自由気ままにふるまうことをたっとび、趙《ちよう》や斉の国難の際には、よくこれを打開した。功が成っても恩賞を受けず、節操《せつそう》は、他の人びとから高く抜きん出ていた。つまり、宰相となっても、その印綬《いんじゆ》を受けて着用しようとせず、諸侯に封じられても、その印の珪《けい》を君主と二分して受けることもしない。趙と斉との両国の封侯《ほうこう》の印が前庭にかがやいていたが、かれにとっては、まるで浮き雲の如きものであった。

（その二首に曰く）

晴れた空に太陽が輝き、そのこうごうしい光は、都を照らしている。宮城《きゆうじよう》には、建物がつらなり、高い屋根は、雲を浮かべるようだ。そびえ立つ高門の中、多くさかんなのは、みな王侯の邸宅である。権門勢家にとりいって、名利を得ようとする者でないかぎり、どうして急にこのような所に来ようか。

粗末《そまつ》なふだん着のままの自分は、都の西の門を出て、闊歩《かつぽ》して古《いにしえ》の隠士《いんし》として知られる許由《きよゆう》のあとを追いたい。そうして俗塵《ぞくじん》を逃れて、衣を千仭《せんじん》の高い岡に立って振るい、足を万里の長きに流れる川の水に洗いたい。

（その三首に曰く）

漢《かん》代、主父偃《えん》は、官僚として栄達できず、肉親もかえってかれを軽んじた。朱買《しゆばい》臣《しん》は、貧しく薪樵《しんしよう》を売って生活していたが、妻は見限って去ってしまった。また陳平《ちんぺい》は、仕事も資産もなく、城郭の外にわびずまいをした。また司馬相如《しばしようじよ》は、成《せい》都《と》に帰郷したとき、壁が立っているだけで、家の中には何もなかった。（それでも）この四人の賢者が、どうして偉大でないことがあろうか。その功業は、歴史に燦然《さんぜん》と輝いている。そのかれらも、未だ時に遇わなかったころには、貧苦のあまり死んで谷間に棄《す》て置かれるのかと憂えたのだ。

英雄にも、不遇、逆境があることは、昔からずっと続いてきた。いつの時代にも、人並みすぐれた人物が存在しないことはないのだが、登用されないまま在野《ざいや》の遺賢《いけん》として終わることもあるのだ。

○注　釈

・**左思**…字は太沖《たいちゅう》。西晋《せいしん》（二八〇〜三一六）時代の臨淄《りんし》の文人（二五〇頃〜三〇五頃）。風采揚《ふうさいあ》がらず訥弁《とつべん》であったが、博学能文、辞藻壮麗で知られた。志は高かったが、隠遁《いんとん》して詩文に思いを托《たく》した。著名な「三都賦《さんとのふ》」は、十年の歳月を費やして成り、洛陽《らくよう》の紙価を高からしめたという。「詠史詩八首」は、古人を詠じて、自分の性情と高志をそれに托した。

・**段干木**…戦国時代、魏《ぎ》の高士賢者。子夏《しか》の弟子。田子方《でんしぼう》、李克《りこう》、呉起《ごき》などは皆、将となったが、段干木は、道を守って仕えず、庵居自適し、魏の文侯は、宰相に迎えようとしたが受けず、遂に客礼をもって待遇された。その徳望は、隣国にも聞こえ、他国は、かれが文侯に礼遇されたと聞いて魏をおそれたという。

・**魯仲連**…戦国時代、斉《せい》の高節の士。魯連のこと。「天下の士に貴ぶ者は、人のために患を排《のぞ》き難を釈《と》き、紛乱《ふんらん》を解いて而《しか》も取る無ければなり。もし取るあらば、是れ商賈《しょうこ》の事なり」「吾、高貴にして人に屈せんよりは、寧《むし》ろ貧賤にして世を軽んじ、志をほしいままにせん」等は、『史記』の伝えるかれのことば。並はずれた謀略で知られた魯仲連が、秦王《しんおう》を帝とするよう趙王《ちょうおう》に説くため、魏王が派遣した新垣衍を逆に説得してしまったことを知った秦軍が退却した。「談笑の間」とは、そのことを指している。

・**不羈**…つなぎとめられないこと。拘束されないこと。

・**紛を解く**…もつれたものをときほどく。紛糾《ふんきゅう》を解決する。

・**卓として**…高くすぐれ抜きんでているさま。

・**組**…宰相の印綬。

・**珪**…諸侯の信任を示す印。これを二分して君臣おのおの一方を持った。

・**連璽**…封爵《ほうしゃく》の恩賞を辞退すること前後二回に及んだので「連璽《れんじ》」という。

・**緤ぐ**《つな》…身に帯《おび》る。

・**浮雲のごとし**…縁遠くあてにならぬものとして相手にしない。『論語』の「不義にして富み且《か》つ貴きは、我に於て浮雲の如し」をふまえている。

・**皓天**…明るい空。

・**舒べ**…のびひろがる。のびひろげる。

・**霊景**…こうごうしい光。

・**神州**…中国の美称。または京都、都の美称。
・**紫宮**…天子の宮城、皇居。紫微宮《しびきゅう》は天帝の居所であることに由来する。
・**飛宇**…宮殿・邸宅の高くそびえたさま。
・**藹々**…さかんなさま。草木の茂るさま。
・**攀龍の客**…権勢の人に取り入って栄達を望む人。「龍の鱗《うろこ》に攀《つか》まり、鳳《おおとり》の翼につきしたがう」という揚雄《ようゆう》の言に由来している。
・**欻ち**…たちまち、急に。
・**閶闔**…宮城の西門の名。
・**許由**…古《いにしえ》の高士。堯《ぎょう》が天下を譲ろうとすると拒絶して箕山《きざん》に隠れ、また、召して九州の長としようとする話を聞き、潁水《えいすい》の浜に耳を洗ったという。
・**主父**…主父偃のこと。漢代、遊学の後も永く貧賤で、肉親からも軽んぜられていたが、後に上書して郎中に登用され、一年に四回も昇進して大官に登りつめた。晩年、事に連坐して族誅《ぞくちゅう》された。
・**買臣**…朱買臣のこと。漢代、会稽《かいけい》の人、字は翁子。家貧しく薪を売って自給していた時、その妻が去ろうとしたのに対し、自分は五十歳になったら富貴になるだろうといい、果たして富貴になった。その故事を「朱買臣五十富貴」といい、大器晩成の喩《たと》えとなっている。

・**伉儷**…つれあい。配偶者。

・**陳平**…漢の高祖の天下統一を輔《たす》けた功臣。後に文帝の丞相となり前漢帝国の礎を築くに功があった。初め貧しかったが、その門には多くの長者が訪れたという。

・**負郭**…城郭の側。今の都の郊外。

・**長卿**…司馬相如の字。漢代成都《せいと》の人。二度、官に就いたが、病んで退いた。辞賦《じふ》に秀で、魏晋六朝《ぎしんりくちょう》文人の模範とされた。

・**壁立**…壁のみ淋《さび》しく立ち、家財なきさま。家財の無い貧家のさま。

・**寥廓**…がらんとしていること。むなしくひろいさま。

・**遺烈**…前人ののこした立派なことがら。

・**篇籍**…書物をいう。典籍《てんせき》のこと。

・**溝壑に塡う**…世に出でず、空しく死すること。「塡フ二溝壑ニ一」は、のたれ死にする意。

・迍邅…志を得ないで困苦すること。両字ともに、ゆきなやんで進まぬさまを表す。

〔解　説〕

安岡先生は、若き日より、左思の詠史詩を愛唱された。悠久の歴史のうねりとそれを動かした人物の在り方、生き方への感慨を詠う述懐の詩に感銘を深められてのことであった。政治も文化も、結局は人にある。歴史を創造し動かすのは、畢竟《ひっきょう》、人物に外ならない、とする歴史観に立ってのことであった。安岡教学の生きた人物学も、そこから生まれたといえる。

そして、そのような人物の典型として、四人の賢人の在り方を推称したのである。いずれも内面の心術《しんじゅつ》智徳《ちとく》という「天爵《てんしゃく》」を尊重し、外物に過ぎない富貴のような「人爵《じんしゃく》」を軽侮《けいぶ》した清廉高節《せいれんこうせつ》の生きざまを歴史に刻んだ人物であった。

このことと深くかかわる、日本農士学校卒業式の送別の辞（昭和十七年三月二十一日第十一期生卒業式のもので名文の誉《ほま》れが高い）を抄録《しょうろく》しておこう。

……諸君の来《きた》るや初《はじめ》より所謂《いわゆる》立身出世の為に非ず、修身斉家《しゅうしんせいか》に出で、窃《ひそか》に治郷《ちきょう》護国《ごこく》を期す、之を以て遂ぐべき己無く、排《はい》す可《べ》き人なし。学は安心立命の為にし、技は開物成務《かいぶつせいむ》の為にす。造化に参じ道妙《どうみょう》を楽しむ、実に先哲の遺意《いい》なり。……諸君の学行は、……人爵を求めず、天爵を楽しむにあり、是れ、諸君の既に知る所ならむ。……諸君は宜《よろ》しく平凡にして、その味わい飽かざる人たるべし。無名《むめい》にして有力なる人たるべし。……

「詠史」の項の精神とまさに呼応し合う送別の辞ではあるまいか。

8――陋《ろう》室銘

劉《りゅう》禹《う》錫《しゃく》陋室銘《ろうしつめい》に云《い》う、

山は高きに在らず。僊《せん》有れば則《すなわ》ち名あり。

水は深きに在らず。龍有れば則ち霊なり。

斯《こ》れ是の陋室、惟《こ》れ吾が徳馨《かんば》し。

苔痕《たいこん》・階《かい》に上って緑に、艸色《そうしょく》・簾《れん》に入って青し。

談笑鴻儒《こうじゅ》有り、往来白丁《はくてい》無し。

以て素琴《そきん》を調べ、金経《きんきょう》を閲《けみ》す可し。

絲竹《しちく》の耳を乱る無く、案牘《あんとく》の形を労《つか》らすこと無し。

南陽《なんよう》の諸葛《しょかつ》が盧《ろ》、西蜀《せいしょく》の子雲《しうん》が亭《てい》。

孔子の云う、何《なん》の陋《ろう》か之れ有らん。

世人《せじん》粗衣《そい》茅屋《ぼうおく》を悪《にく》むで、更に心術の醜陋《しゅうろう》を恥じず。山沢に処《お》るを厭《いと》うて、専ら城市《じょうし》に棲《す》まんことを欲す。学人須《がくじんすべから》く知るべし、大舜《たいしゅん》原と木《も》石と与《とも》に処り、鹿豕《ろくし》と与に遊ぶを。凡《およ》そ古《いにしえ》より賢哲の人、誰か山林蓬盧《ほうろ》の気味《きみ》無からん。

〔出　典〕

唐代の著名な文章家・詩人、劉禹錫《りゅううしゃく》の作とされる「陋室銘《ろうしつめい》」。孔子は、「君子、之に居らば、何の陋か之れ有らん」（『論語』子罕《しかん》篇）と述べたが、劉禹錫は、このことばに因《ちな》んで、自分の書斎の名を「陋室」とした。その「陋室」に題した文章が、「陋室銘」である。これは自戒のための銘の類である。

〔大　意〕

劉禹錫は、その「陋室銘」で次のように述べている。

山は、その高さのゆえをもって名山として尊ばれるのではない。僊《せん》すなわち仙人（神仙）が住んでいればこそ、その名も高く名山と貴ばれるのだ。

水（河川）は、その深さのゆえをもって霊妙《れいみょう》な流れを尊ばれるのではない。龍すなわち龍蛇《りょうだ》のような神獣が棲居《せいきょ》していればこそ、霊妙な流れとして貴ばれるのだ（この二文で、住居の価値は、そこに住む人によることを隠喩《いんゆ》している）。

ところで、自分の書斎、陋室には、わが心徳が名香のように薫っている。

庭の緑美しい苔《こけ》の色は、階段の上にも映じ、庭草の色は、部屋の簾《すだれ》を通して一層生き生きと青い。

この書斎を訪れ、談笑を交わす客はみな、大儒《たいじゅ》・碩学《せきがく》ばかりで、白丁《はくてい》すなわち無学、無官の者など、絶えていない（徳有れば徳有る人を招くことを暗喩《あんゆ》している）。

ここで、素琴《そきん》すなわち清澄《せいちょう》な音曲を鑑賞し、金経《きんきょう》すなわち貴重な書物を心読することができるのだ。

ここでは品の無い絲竹《しちく》、つまり管絃《かんげん》の音楽に耳をわずらわされることがなく、案牘《あんとく》つまり取り調べを要する文書にわずらわされて疲れ果てることもない。

これを例えていえば、南陽《なんよう》の諸葛孔明《しょかつこうめい》の隠棲《いんせい》していた草庵《そうあん》のようであり、また西《せい》蜀《しょく》（成都《せいと》）の揚雄《ようゆう》（子雲《しうん》は字《あざな》）の侘《わ》び住まいのようでもある。孔夫子のいわれた「何の陋か之れ有らん」つまり、君子がそこに棲居すれば、どんな処でも、いやしくむさくるしいことなどないものだといえる（自分も、君子の心ばえをもって、この陋室に易居安住したいとして室名を選んだのだ）。

以上、「陋室銘」を紹介した後で、安岡先生は、次のように諭される。

世の人は、粗末《そまつ》な衣服やあばら屋を嫌うのに、自分自身の心ばえの貧しさや醜《みにく》さを一向に恥じようとしない。そして、山や沢の田舎住まいを嫌い、もっぱら華やかな都会に住みたいと願う。そもそも、修己治人の学に志す者は、古《いにしえ》の聖天子舜《しゅん》が、初め、木石に囲まれて歴山《れきざん》に耕し、鹿や猪と接して生活しており、そこで徳を積んで尭帝《ぎょうてい》に認められ用いられたということを、銘記していなければならない（人として大切なことは、どこに住み、何を着ているか、つまり外物ではなくて、心術と智徳、つまり精神の在り方にあることを忘れてはならない）。

およそ、昔から先賢・先哲と称えられる人はみな、山沢林野の蓬《よもぎ》で葺《ふ》いた粗末な住まいに生い立った風情を身につけていない者は、いないのだ。

○注　釈

・**劉禹錫**…字は夢得《ぼうとく》。唐宋八大家《とうそうはちだいか》の一人（七七二～八四二）。柳宗元《りゅうそうげん》と一緒に進士に及第《きゅうだい》、更に博学宏詞科にも合格。早く監察御史《かんさつぎょし》に栄達したが、失脚左遷をくり返した。この間に豊かな詩情を培《つちか》い、地方の民情・風光に資質を養った。柳宗元と生涯の知己《ちき》をもって相許した。晩年、詩作に精励、白居易《はくきょい》（楽天《らくてん》）とも親交を重ね「詩豪《しごう》」と呼ばれた。

安岡先生は、左遷、流謫《るたく》の続く中で、その詩文と人徳に輝きを増したこの二人を高く評価し、その詩文と生き方を紹介している。

・**陋室銘**…劉禹錫は、自分の書斎を名付けて「陋室」（粗末でむさくるしい部屋）と呼び、その陋室に掲げた文章が「陋室銘」である。あまりにも説得力に富み著名になったため、劉禹錫の作と仮托《かたく》したのだという説が出るほどであった。

・**僊有れば**…僊は、山に住む人、仙人、神仙。神仙のように優れた人が、そこを住み処として選んで住んでいればこそ名山なのだ、との意。

・**龍有れば**…龍は、水中深く棲むといわれる神獣で、時に風雲に乗って天空にも昇るという。際立って優れた人物の喩《たと》えとして使われる語。臥龍《がりゅう》（隠棲《いんせい》する姿）、昇龍（栄達する姿）、「深山大沢、龍蛇生ず」（草深い田舎から英雄・人物を輩出する喩え）などの語が用いられている。

・**霊なり**…すぐれて霊妙なこと、すぐれたもの。

・**談笑**…うちとけて笑みを浮かべて話し合うこと。笑みを浮かべるほど自信と余裕をもってお互いになごやかに話し合うこと。因《ちな》みに安岡先生は偉大な人物は重大な決断も自信と余裕をもって行うとして、「談笑決事」「談笑決万事」などの語句をしばしば揮毫《きごう》されている。

・**鴻儒**…偉大な学者。大儒・碩学などともいう。

・**往来**…往ったり来たりする間柄、交際相手の意。

・**白丁**…無位無官の民。無学で心貧しい凡人。

・**素琴**…飾りの無い琴。

・**金経**…金匱《きんき》に蔵《ぞう》した秘経。大事な書物。
・**案牘**…取り調べを要する書類。公文書。
・**絲竹**…絲は、琴・瑟《しつ》のような絃楽器またはその音楽。竹は、笛・笙《しょう》のような管楽器またはその音楽。絲竹といえば、管絃の音楽のこと。
・**形を労らす**…身体を疲労させる。
・**南陽の諸葛が廬**…南陽の辺鄙《へんぴ》な野に隠棲していて、蜀の劉備《りゅうび》に三顧《さんこ》の礼を以て、その軍師に迎えられた諸葛孔明の草庵。
・**西蜀の子雲が亭**…四川省成都に隠棲していた揚雄が、酒と読書を楽しみ、その深遠な思索を進めたあばら屋。載酒亭《さいしゅてい》。
・**何の陋か之れ有らん**…『論語』子罕篇に「子、九夷《きゅうい》に居らんと欲す。或《ある》ひと曰く、陋なり。之を如何と。子曰く、君子之に居らば、何の陋かこれ有らん、と」（孔子が、乱れた世を厭《いと》う気持ちから、東方のえびすの国にでも住もうか、といわれたことがあった。それを聞いてある人が、えびすの国といえば未開でむさくるしいですが、これをどうされますかと尋ねた。孔子は、これに答えて、君子が行って住めば、その感化で開化し、住む人も心豊かになるものだ。何のむさくるしいことがあるものか、といわれた）とある。

・**粗衣茅屋**…粗末な衣服、かやぶきの粗末な家。
・**心術**…心の持ち方、心の働き、心だて。
・**醜陋**…みにくくいやしいこと。
・**大舜**…古代伝説上の聖天子、舜を尊崇して、大舜と称えた語。儒教で、聖人として尊崇する、尭・舜・禹《う》の中の一人。舜は、その徳を尭帝に認められて帝位を譲られ、また後、帝位を禹に譲ったという。
・**鹿豕**…しかといのしし。
・**蓬廬**…よもぎでふいたいおり。粗末な住居。
・**気味**…においとあじ。おもむき、気配、感じ。

〔解　説〕

劉禹錫の陋室銘は、あまりにも傑作なので柳宗元と知己として相許し、白楽天から「詩豪」と称えられた劉禹錫の名声に仮托《かたく》されたものとの説さえ生まれたほどであったという。

安岡先生が、その著名な陋室銘を、『光明蔵』にとりあげ、若き学人に提唱したゆえんは、ほかでもない。全国から日本農士学校に集まった俊秀《しゅんしゅう》たち、山沢健児《さんたくけんじ》たちを鼓舞し、教育するためであった。

古来、人の住み家や棲む処の価値は、そこに住む人によってきまり、そこに住む人の価値は、富貴などの外物によってではなく、内面の心術智徳によってきまる。孔子は、「君子、之に居らば、何の陋か之れ有らん」と教え、孟子は、「舜の深山の中に居るや、木石《ぼくせき》と居り、鹿豕《ろくし》と遊ぶ」と説いた。内面の心術智徳に秀でた人を君子といい、舜はそれを極めた聖人であった。安岡先生は、この伝説的価値観を承《う》けて、「凡《およ》そ古より賢哲の人、誰か山林蓬廬《ほうろ》の気味無からん」と、農山村出身の淳《じゅん》朴《ぼく》な若き学人、山沢健児に提唱し、励まし勇気づけられたのである。

その前提には、安岡先生の文明興亡論・辺境革命論があった。

文明の興隆衰亡のサイクルを見ると、最も興隆している時代に、必ず衰亡の動きが生じている。興隆の中で文明は爛熟《らんじゅく》・頽廃《たいはい》していく。それに伴って「人間疎外」が始まり、「物で栄えて心で亡ぶ」状況が進むのである。一般的にいえば、物質文明と都市文化の進行という現象を伴うのを常とした。

これに比して興隆に向かう草創の時代は、物質文明と都市文化の進行に伴う頽廃以前の、山沢田園の健全な精神が涵養《かんよう》され志操《しそう》が高いのを常とした。ローマ帝国の興亡の歴史も、漢や唐の大帝国の興亡の歴史も、みなこの興亡盛衰のサイクルによって把握することができる。これが文明興亡論である。

一方、歴史の流れを見ると、旧時代から新時代に転換する時、新時代は旧時代の中心部から遠く離れた、いわば辺境の地から始まり、そこが新時代の中心となっていく。この時代の転換を革命と呼ぶならば、革命によって新時代を草創するのは、前時代から遠く離れた辺境の勢力であったということができる。これが、辺境革命論である。

これは安岡先生の思想的背景となった重要な考え方であった。この陋室銘の提唱の前提として、この考え方があったことに注目せねばなるまい。

9――憤《いきどおり》

執斎《しっさい》先生曰《いわ》く、為学《いがく》の道は士心《ししん》を立つるに在り。士心は憤《ふん》を尚《とうと》ぶ。四時間断無きは天の憤なり。生々息《や》まざるは地の憤なり。仁義忠信時として感通せざるなきは人の憤なりと。仏家所謂《ぶっけいわゆる》菩提心《ぼだいしん》亦是れ士心に他《ほか》ならず。華厳《けごん》に云《い》う、菩提心は則ち一切諸仏の種子なり、能く一切諸仏の法を生ずるがゆえに。菩提心は則ち良田たり、衆生の白浄《びやくじょう》の法を長養するがゆえに。菩提心は則ち大地たり、能く一切諸《もろもろ》の世間を持するがゆえに。菩提心は則ち浄水たり、一切煩悩《ぼんのう》の苦を洗濯《せんだく》するがゆえに。菩提心はすなわち大風たり、一切世間に障礙《しょうげ》するもののなきがゆえに。菩提心は則ち盛火《じょう》たり、能く一切の邪見愛を焼くがゆえに。菩提心は則ち浄日《にち》たり、普《あまね》く一切衆生《しゅじょう》の類《たぐい》を照すがゆえに。菩提心は則ち明月《めいげつ》たり、諸の白浄法悉《ことごと》く円満するがゆえに。菩提心は則ち浄燈《じょうとう》たり、普く一切諸法界《ほっかい》を照すがゆえに。菩提心は則ち浄眼《げん》たり、悉く能く邪正《しょう》の道を観《み》るがゆえに。菩提心は則ち大道たり、皆一切智の域《いき》に入るを得しむるがゆえにと。願わくば吾曹《ともがら》毎《つね》に士心の憤発《ふんぱつ》を盛ならしめんことを。願わくば吾曹常に菩提心を長養《ちょうよう》せんことを。

〔出　典〕
三輪執斎《みわしっさい》「士志論」(『雑著』巻二所収)。華厳経《けごんきょう》(大方広仏華厳経)巻五十九「入法界品《にゅうほっかいぼん》」第三十四之十六。弥勒菩薩《みろくぼさつ》が善財童子《ぜんざいどうじ》に菩提心(発心)の無尽《むじん》の徳を説く百十五句の最初の十一句。

〔大　意〕

三輪執斎先生は、学問の道を尋ねられて、士心つまり志を立てることにあると答え、その士心つまり志の意味を問われて、何よりも憤《ふん》が肝要であると説き、更に、憤の意味を敷衍《ふえん》して、四時《しじ》の運行が粛々《しゅくしゅく》として間断なく進むのは、天の憤の発露《はつろ》であり、次つぎに物を生じて息《や》まないのは、地の憤の発露であり、仁義忠信の徳が、ちょっとの間も、相手の心に通じないことがないのは、人の憤の発露である、と説明を加えた。

仏教で謂《い》う菩提心《ぼだいしん》（発願《ほつがん》・発心《ほっしん》）もまた、この士心（志）にほかならない。華厳経に弥勒菩薩が善財童子に、菩提心（菩提つまり悟りを求める心、悟りを得たいと願う心、求道心、発願）の功徳《くどく》を次のように説いている。

菩提心こそ、すべての仏達の種子つまり根元にほかならない。そこからすべての仏の教えが生まれてくるからである。

菩提心こそ、とりもなおさず良田のようなはたらきがある。衆生《しゅじょう》の清浄な法苗《ほうびょう》を成長させてくれるからである。

菩提心こそ、とりもなおさず大地のようなはたらきがある。あらゆる事象、移ろいゆく空虚なる存在を載せ支えているからである。

菩提心こそ、とりもなおさず浄水のようなはたらきがある。あらゆる煩悩《ぼんのう》（貪《とん》・瞋《じん》・痴《ち》の三毒《さんどく》など人の身心を乱し悩ます心のはたらき）を洗い浄めてくれるからである。

菩提心こそ、大風のようなはたらきにほかならない。この世の中にこれをさまたげるものが存在しない（悟りを求める心をさまたげるものが存在しない）からである。

菩提心こそ、燃え盛る火のようなはたらきにほかならない。仏教を否定する誤った見解への執着を焼き払うからである。

菩提心こそ、太陽のようなはたらきにほかならない。あまねく、すべての悩める衆生を仏法の光で照らし救済するからである。

菩提心こそ、明月のようなはたらきにほかならない。諸々のけがれない仏法がみな、成就、充足して欠けるところがないからである。

菩提心こそ、浄灯のようなはたらきにほかならない。あまねく、あらゆる事物、事象（真理の現れとしての現実の世界）を照らし出すからである。

菩提心こそ、清浄な眼のようなはたらきにほかならない。ことごとく、邪道と正道とを見わけるからである。

菩提心こそ、大道のようなはたらきにほかならない。すべての一切智（一切の事象を総体としてとらえ、等しく空であると知る知慧）の領域に導き入れることができるからである。

願わくは、われわれ学道の仲間は、つねに士心の発憤を盛んにしたいものだ。また願わくは、同じく菩提心を養い育てていきたいものである。

○注　釈

・憤…いきどおり、いきどおる、の意。もだえる、心をふるいおこす、はげむ等の意味合いをもって用いられる語。昔から学問を進展させる原動力として重んじられてきた。『論語』述而《じゅつじ》篇に「憤《ふん》せずんば啓《けい》せず、悱《ひ》せざれば発《はっ》せず」「憤を発して食を忘れ」などとあり、『孟子』滕文公《とうぶんこう》上篇に「舜何人《しゅんなんぴと》ぞや、予《われ》何人ぞや」とある顔淵《がんえん》の言葉を、佐藤一斎は、「まさにこれ憤なり」と述べている。古聖人である舜も自分も共に同じく人間である、という気概をもって自分を励ました顔淵の言葉こそ、憤そのものだと言い切ったのである。士心すなわち志にとって、憤が肝要であると若き学人に提唱された安岡先生の師心に注目せねばなるまい。

・**執斎先生**…三輪執斎（一六六九〜一七四四）、江戸前中期の儒学者。名は希賢《きけん》、執斎は号。山崎闇斎《あんさい》の高弟佐藤直方《なおかた》に朱子学を学ぶ。後に陽明学に傾倒し、王陽明の致良知《ちりょうち》説を奉じる。『標註伝習録《ひょうちゅうでんしゅうろく》』は、王陽明の語録『伝習録』の注釈書の先駆《せんく》であり、佐藤一斎も高く評価している。陽明学に対する堅実な理解と平明な解説とは、わが国における陽明学の普及に大きく貢献した。

・**為学**…学問をする。また学問のこと。

・**士**…学識・徳行のある立派な人物の意。

・**四時**…一年中の四時、春・夏・秋・冬。四季。

・**間断**…たえま。また、あいだがとぎれること。

・**生々**…次つぎと物が生ずるさま。生長し育つさま。

・**仁義忠信**…仁と義と忠と信。儒教の徳目。道徳の誠意正心《せいいせいしん》。まごころを尽くしていつわりのないこと。

・**時として**…少しも、ちょっとの間も（打ち消しの語を伴って）。

・**感通**…思いなどが相手の心に通ずること。

・**菩提心**…悟り（菩提）を求める心。悟りを得たいと願う心。菩提心を起こすことは、志を立てる、立志にあたるとされる。

・**華厳**…大方広仏華厳経つまり華厳経のこと。引用は、華厳経の最後の章「入法界品《にゅうほっかいぼん》」にある善財童子の求道物語の条《くだ》りで、ひたむきな菩提心を語っていることば。童子は次つぎに五十三人の善知識（良き師友）を訪ね、ひたすら仏道の真髄《しんずい》を究めようとする。

・**煩悩**…身心を乱し悩ませ、正しい判断をさまたげる心のはたらき。貪《とん》（むさぼり）・瞋《じん》（いかり）・痴《ち》（無知）のいわゆる三毒が煩悩の根源とされる。

・**障礙する**…さまたげる。

〔解　説〕

三輪執斎の所論は、直接には、王陽明の「示弟立志説《じていりつしせつ》」、遡《さかのぼ》っては、『論語』に示《し》唆《さ》を得たものであろう。東洋教学の要諦《ようてい》は、「夫れ学は、立志より先なるは無し」「憤の一字は是れ進学の機関なり」の両語に要約される。

これを承けて、安岡先生も、立志と発憤を学ぶ者に促し、その大切さを教え、同時に、仏教教学にも同様の教えがあることに注意を喚起《かんき》されたのである。儒学における「立志」と「発憤」に相当するものが、仏教における「発菩提心《ほつぼだいしん》」つまり菩提心を起こすことであり、求道・修行する者にとって必須《ひっす》不可欠であるとし、この項をこの両者をもって構成されたのである。

古来、青少年教育の要諦は、立志を促し誓願《せいがん》（発願《ほつがん》）を導くことにあるといわれてきた。両者ともに、学問の成就《じょうじゅ》と求道の達成の道程の出発点であり、同時に原動力そのものだからである。その立志と誓願（発願）の心情を昂揚《こうよう》させ継続させるものとして「憤悱《ふんぴ》」の思いや無常観があり、学ぶ者に常にそれを求める手法が、東洋教学の伝統的手法であった。安岡教学もまた、その伝統に立脚しているのである。

10――一心

栄西《えいさい》(ようさい)禅師曰《いわ》く、大いなる哉《かな》心や。天の高き極むべからず。しかるに心は天の上に出づ。地の厚き測《はか》るべからず。しかるに心は地の下に出づ。日月《じつげつ》の光は踰《こ》ゆべからず。しかるに心は日月光明《こうみよう》の表に出づ。大千世界《だいせんせかい》は窮《きわ》むべからず。しかるに心は大千世界の外に出づ。それ太虚《たいきよ》か。それ元気《げんき》か。心は太虚を包みて元気を孕《はら》む者なり。天地我れを待って覆載《ふさい》し、日月我れを待って運行し、四時《しじ》我れを待って変化《へんげ》し、万物我れを待って発生《はつしよう》す。大いなる哉心や。吾れ已《や》むことを得ずして、強いて之を最上乗《さいじようじよう》と名づけ、亦第一義《だいいちぎ》と名づけ、亦般若実相《はんにやじつそう》と名づけ、亦一真法界《いつしんほつかい》と名づけ、亦無上菩提《むじようぼだい》と名づけ、亦楞厳三昧《りようごんざんまい》と名づけ、亦正法眼蔵《しようぼうげんぞう》と名づけ、亦涅槃妙心《ねはんみようしん》と名づくと。釈尊《しゃくそん》の大覚《だいかく》此の心に他ならず。夫子《ふうし》の聖学《せいがく》亦此の心を尽《つく》すのみ。陸子《りくし》の玄悟《げんご》、王子《おうし》の深省《しんせい》、皆這箇《しゃこ》を説かざるなし。何人《なんびと》か心なからん。而して道不得是《しこう》の如し。恥ずべく、憤《いきどお》るべし。

〔出　典〕
栄西《えいさい（ようさい）》禅師『興禅護国論《こうぜんごこくろん》』の序の劈頭《へきとう》の文章。結論の条《くだ》りは、安岡先生の文章。

〔大　意〕
栄西禅師は言う。人の心は、何と偉大なことだろう。天の高さは、極め尽くすことはできない。しかるに、心は、その高い天の上にさえ出ることができる。大地の厚さは、測り尽くすことはできない。しかるに、心は、厚い大地の下深く行きつくことができる。どんな明るさも日月の光のそれを越えることはできない。しかるに、心は、日月の光明の表に出ることができる。大千世界、つまり仏教でいう宇宙は、果てしなく広くきわめつくすことはできない。しかるに、心は、大千世界の外に出ることができる。

ところで、大虚《たいきよ》（宇宙生成の始、万物の根源）といい、元気《げんき》（万物の根本をなす気、創造のエネルギー）というが、心はそのまま、この大虚を中に包含し、この元気を内に蔵しているのである。だから、天地は、このわが心のはたらきを待って初めて、天は覆《おお》い、地は載せる機能を発揮し、日月は、このわが心のはたらきを待って初めて運行し、四季は、このわが心のはたらきを待って初めてめぐり、万物は、このわが心のはたらきを待って初めて発生するのである。

人の心は、何と偉大なことだろう。この心のはたらきを表現する言葉が見つからないので、強《し》いて、最上乗《さいじようじよう》と名づけ、また第一義と名づけ、また般若実相《はんにやじつそう》と名づけ、また一真法界《いつしんほつかい》と名づけ、また無上菩提《むじようぼだい》と名づけ、また楞厳三昧《りようごんざんまい》と名づけ、また正法眼蔵《しようぼうげんぞう》と名づけ、また涅槃妙心《ねはんみようしん》と名づけざるをえないのだ、と。

釈迦《しやか》の偉大な覚りも、この心をおいてほかにはなく、孔子の聖学もまた、この心を尽くすことに尽きる。陸象山《りくしょうざん》（九淵《きゅうえん》）の深い悟り、王陽明《おうようめい》（守仁《しゅじん》）の深い省察《せいさつ》、すべて、この心の偉大さを説かないものはないのだ。しかも、人には誰にでも、この心がそなわっている。それなのに、この心のはたらきで道を得られないでいることのような状況は、まさに恥ずべく憤るべきことである。

○注　釈

・**一心**…仏典においては、特に華厳経十地品《じゅうじぼん》の「三界虚妄《さんかいこもう》、唯是一心作《さ》」が最も重要とされる。その原義は、世界のあり方はわれわれの心のあり方に依存するという意で、一心は、すべての根源の原初的、絶対的心とされる。

・**栄西禅師**…日本臨済《りんざい》宗の祖（一一四一～一二一五）。比叡山で台密《たいみつ》（天台宗に伝承されている密教）を学んだ後、二回（二十八歳で六か月、四十七歳より四年間）宋に渡り求《ぐ》法《ほう》。天童山で虚庵懐敞《きあんえしょう》より臨済宗の禅の戒を受けた。帰朝後、叡山の弾圧を受け、『興禅護国論』を著して禅宗の立場を弁明する。鎌倉幕府の帰依を得て、寿福寺や建仁寺を創建した。源実朝《さねとも》に献じた『喫茶養生記《きっさようじょうき》』も著名である。

・**興禅護国論**…一一九八年、栄西禅師が著述。三巻。禅に対する既成宗派からの攻撃に対し、禅の本旨を論じ、禅を興すことすなわち国を守護すること、禅は古来多くの僧が修し、教外別伝《きょうげべつでん》・不立文字《ふりゅうもんじ》の教えは古くよりあること、禅が一宗として独立すべきことを論じている。

・**大千世界**…三千大千世界《さんぜんだいせんせかい》のこと。古代インドの世界観による全宇宙。

・**太虚**…宇宙の大元気、宇宙生成の始、天・天空をいう。また、虚無深玄《きょむしんげん》の理をいう。

・**元気**…万物の根本をなす気、天地の気。

・**覆載**…天の万物をおおうこと、地の万物をのせること。転じて天地君父の恩徳、めぐみをいう。また、天地・乾坤《けんこん》の意。

・**四時**…一年中の四季、春夏秋冬。一日中の四時、朝昼夕夜。

・**最上乗**…最上の悟りの教え。乗とは、仏の教えが衆生を乗せて此岸から彼岸へ行く舟・乗り物の意。

・**第一義**…絶対的理想をいう。

・**般若実相**…仏の智慧《ちえ》の真実のすがた。仏の智慧の本質。

・**一真法界**…事物の根源、存在の基体を意味し、真如《しんにょ》つまり真理そのものと同義とされる。

・**無上菩薩**…この上なくすぐれた正しいさとり。即ち仏道のこと。

・**楞厳三昧**《りょうごんざんまい》…健行三昧ともいう。仏徳の究竟《きゅうきょう》、大悟三昧の境地。絶対的禅定《ぜんじょう》の意。仏説首楞厳三昧経《しゅりょうごんざんまいきょう》で説くところ。

・**正法眼蔵涅槃妙心**…釈尊が、霊山会上《りょうぜんえじょう》において拈華微笑《ねんげみしょう》の後、吾に正法眼蔵涅槃《しょうぼうげんぞうねはん》妙《みょう》心《しん》あり、摩訶迦葉《まかかしょう》に付属すといわれた故事を起源とし、歴代の仏祖が正伝してきた仏法の真髄を正法眼蔵涅槃妙心と一語にして唱している。要するに正法眼蔵涅槃妙心とは、人間に本来そなわった一心の妙徳《みょうとく》を形容したもので、悟道といい証契《しょうけい》といっても、この一心を徹見《てっけん》してその光明を発揮させることにすぎないとする。

　これは最上乗から涅槃妙心まで、偉大な一心の妙徳を形容しようとして、仏道における諸概念を列挙したもので、要は、この一心を尽くして仏法の真髄・悟りの境地に至ることを強調している。

・**陸子**…陸九淵（象山／一一三九～一一九二）の尊称。南宋《なんそう》の儒学者。象山は号。心即理《しんそくり》説を説き、朱熹《しゅき》と対立した。明の王陽明の学説は、これを受け継ぐ。両者の学説を合わせて「陸王学《りくおうがく》」という。

・**玄悟**…深遠で非常にすぐれた悟り。

・**王子**…王守仁（陽明／一四七二〜一五二八）、陽明は号。明の学者。宋の朱子の学説に対抗し、陸象山の学説に基づいて、知行合一《ちぎょうごういつ》・致良知《ちりょうち》を説き、陽明学の祖とされた。

・**深省**…心に深くさとる。深く反省する。奥深く静かなさとり。

・**這箇**…これ。この。這般《しゃはん》。

〈解　説〉

安岡教学は、『王陽明研究』（大正十一年初刊）から『禅と陽明学』上下二巻（昭和三十七年〜四十一年の間の計四十数回の照心講座をまとめたもの）に集大成される晩年の講演録に至るまで、一貫して、禅と陽明学をその主要な基盤としてきた。

安岡教学が、東洋精神文化の二大中核として重視する禅と陽明学においては、人間に本来そなわっている心、心のはたらきをもってあらゆる精神活動の原動力として最も重んずるという共通点があった。

仏教・禅における考え方は、栄西禅師『興禅護国論』序の、ここに掲げた「一心」の名文に尽くされているが、儒教においても、孔子の「明徳《めいとく》」に始まり孟子の「性善《せいぜん》」、「良知良能《りょうちりょうのう》」を継承拡充した陸象山・王陽明に至るまで「致良知」「この心を尽くすのみ」としている。

安岡先生は、このような歴史をふまえて、この「一心」、この偉大な心のはたらきを若き学徒に自覚させ、人間誰にでもそなわっている、この一心を徹見してその光明を発揮するよう促しているのである。

11――日用心法

寮中《りょうちゅう》の清衆《せいしゅう》

もし座に在れば、心は日の昇《のぼ》るが如く、身は鼎《てい》の鎮《ちん》するが如からんことを願うべし。

もし身を起さば、天下と共に大道を行かんことを願うべし。

もし褐《かつ》を被《こうむ》らば、聖人に随って玉を懐《いだ》かんことを願うべし。

もし錦繍《きんしゅう》を著《ちゃく》すれば、諸の偽飾《ぎしょく》を捨てて、真実荘厳《しょうごん》の処に到らんことを願うべし。

もし疏《そ》食《し》を食《くら》わば、夫子《ふうし》の至楽《しらく》を得て、富貴《ふうき》を浮雲《ふうん》にせんことを願うべし。

もし太牢《たいろう》を享《う》くれば、民と共に熙々《きき》として、春・台に登るが如くならんことを願うべし。

もし蓬盧《ほうろ》に住みては、土階三等茆茨剪《どかいさんとうぼうし》らざる意《こころ》を失わざらんことを願うべし。

もし殿閣《でんかく》に入れば、士人と礼楽《れいがく》を修めて、政教荘厳《しょうごん》の国土を現ぜんことを願うべし。

もし屎尿《しにょう》すれば、一切の貪瞋痴《とんじんち》を棄《す》てて、罪障《ざいしょう》を除かんことを願うべし。

もし沐浴《もくよく》すれば、世間の点染《ぜん》を滌《あら》うて、道身清澈《どうしんせいてつ》ならんことを願うべし。

もし寝息《しんそく》すれば、性心湛然深淵《しょうしんたんねんしんえん》の如く虚空《こくう》の如くならんことを願うべし。

〔出　典〕

各項目の内容に出典があり、多岐《たき》に及ぶが、その主要なものについて列挙しておきたい。

・**日用心法**…山鹿素行《やまがそこう》『山鹿語類』巻二十一の士道論の中の「君子日用《にちよう》の工夫」の所説をふまえて設定された主題名。素行学の説くところは、常に「日用の工夫」すなわち日常の実践の在り方、一日一日の生き方を重視しているが、その心構えが、日用心法にほかならない。その根拠となる経書は、『易経《えききょう》』繫辞《けいじ》上篇と『中《ちゅう》庸《よう》』首章であり、日用とは、「日日に用うる所」つまり毎日の生活のことであり、「ことごとく道の存する所なり」との所説である。

・**寮中の清衆**…「道友」の項の注釈参照（三十四頁）。

・**心は日の昇る**…曽国藩《そうこくはん》の「日記」自戒の語。安岡先生はしばしば、この語を揮毫《きごう》されている。

・**天下と共に大道を**…『孟子』滕文公《とうぶんこう》下「……天下の大道を行く。志を得れば民と之に由《よ》り、志を得ざれば独り其の道を行う」を一語に言い換えた表現。

・**褐を被らば**…老子《ろうし》『道徳経』知難篇《ちなん》「……是を以て聖人は、褐《かつ》を被《かぶ》りて玉を懐《いだ》く」を承《う》けた表現。

・**疏食を食わば**…『論語』述而篇《じゅつじ》「疏食《そし》を飯い水を飲み、肱《ひじ》を曲《ま》げて之を枕とす。楽しみも亦《また》其の中にあり、不義にして富み且《か》つ貴きは、我に於いて浮雲の如し」。

・**太牢を享くれば**…老子『道徳経』異俗篇《いぞく》「衆人熙熙《きき》として、太牢《たいろう》を享《う》くるが如く、春台に登るが如し」

・**蓬廬に住みては**…司馬遷『史記』太史公自序「墨も亦尭舜《ぎょうしゅん》の道を尚び、其徳行を言う。曰く、堂の高さ三尺、土堦《どかい》三等、茅茨《ぼうし》剪《き》らず、采椽《さいてん》刮《けず》らず……」。

・**屎尿すれば**…『林間録』上「阿屎送尿《あしそうにょう》是れ畢竟《ひっきょう》にあらずや」とあり、日用の行事、一挙一動、いかなる些事《さじ》も悉《ことごと》く仏道の極致でないものはないとの禅語。

〔大　意〕

学を志してここに集う学徒諸君よ。

端坐《たんざ》している時には、心は、日の昇るように勢いに充ち、身は、鼎《かなえ》のどっしりと鎮座《ちんざ》するように不動安定しているように心がけよ。

行動する時には、天下に普遍妥当する正義の大道を堂々と行くよう心がけよ。

ぼろを身にまとう貧賤《ひんせん》な暮らしにある時には、内面に珠玉《しゆぎよく》のような道を求める心を抱懐《ほうかい》するよう心がけよ。

にしきに身を飾る富貴の暮らしにある時には、外面の見せかけの美しい飾りを捨てて、内面の精神の充実という、真実の美しい飾りを目指すよう心がけよ。

粗食に甘んずる貧賤の境遇にある時には、孔夫子の道に志す最高の楽しみを学んで、不義による富貴などは、浮き雲のようなものと見なしうるよう心がけよ。

美食に恵まれる富貴の境遇にある時には、天下の民とその楽しみを共にして、春、高台に登ってのどかな景色を眺めるような心境になれるよう心がけよ。

あばらやに住む貧賤の境遇にある時には、古《いにしえ》の聖天子、堯や舜の住み処《か》が、極めて質素であった、その徳行の意を失わないよう心がけよ。

志を得て富貴な境遇にある時には、士君子たちと共に、礼と楽という政治にも教育にも不可欠なところを修めて、政教共に整った美しい国づくりを心がけよ。

手洗いで用をたすような日常の営みの時には、すべての煩悩《ぼんのう》の因となる貪瞋痴《とんじんち》を棄てて、道に志す障害となるものを除き去るよう心がけよ。

入浴して身髪を洗う時には、洗浄するように、生活で身に付いたけがれやよごれを洗い流し、道を求める身心を清く澄みきっているようにしようと心がけよ。

睡眠休息する時には、本性の真心が、おちついて静かなること、水をたたえる深い淵のようであり、さまたげるもののない大空のようであるよう心がけよ。

○**注　釈**

・**褐を被る**…粗末な衣服を身にまとう。ぼろを身にまとう。貧賤の境遇にあるの意。
・**錦繍を著す**…立派な衣服を着用する。にしきを着る。富貴の境遇にあるの意。
・**真実荘厳**…荘厳は、仏教で、仏国土や仏の説法の場所を美しく飾ること。真実荘厳《しんじつしょうごん》とは、仏や菩薩が、福徳や智慧などによって身を飾る心の荘厳のこと。
・**太牢を亨く**…非常なごちそうにあずかる。
・**熙々として**…やわらぎ楽しむさま。

・**蓬廬**…よもぎでふいたいおり。粗末な家。
・**土堦三等**…土の階段の極めて低いこと。
・**茆茨剪らず**…かやでもって屋根をふき、その端をきりそろえない。住居などに心を使わないの意。
・**殿閣**…宮殿と楼閣《ろうかく》。ここでは政権の場の意。
・**士人**…学問修養を積んだ立派な人物。士君子。
・**屎尿**…大小便の排せつ。禅では、「阿屎送尿」ともいう。
・**貪瞋痴**…貪欲《とんよく》（むさぼり）、瞋恚《しんい》（いかり）、愚痴《ぐち》（無知）のこと。三毒《さんどく》ともいう。衆《しゅ》生《じょう》の心を迷わせる最も根本的な煩悩とされている。
・**罪障**…罪というさまたげ。罪悪の行いは、悟りへの道をふさぎ蔽《おお》ってしまうので、罪《ざい》障《しょう》という。
・**沐浴**…沐は髪を洗うこと。浴は体を洗うこと。入浴のこと。
・**点染**…よごれとしみ。けがれ。
・**清澈**…清澄に同じ。清らかに澄むこと。

・性心…人の本性にそなわるまごころ。
・湛然…静かに水をたたえるさま。落ち着いて静かなさま。

〔解　説〕

道元禅師が、禅の修行に励む学僧たちに呼びかけた言葉をそのまま借りて、安岡先生が、金鶏《きんけい》学院、日本農士学校に学ぶ学徒に呼びかけ、学問と修業の日日の実践の心がまえを説いたものである。衣食住・行往坐臥《ぎょうじゅうざが》等、日常の生活のすべてにわたり、その心がまえを、儒・仏・道三教の古典に求めて、朗朗《ろうろう》称すべき、至れり尽くせりの名文にまとめて列記している。

12——志　気

素行《そこう》先生説いて曰《いわ》く、大丈夫《だいじようふ》たらんもの少しき処に志を置くときは、其の為す所其の学ぶ所、微《かすか》にして大いなる器《うつわ》に非ざるなり。道に志すときは、管仲《かんちゆう》晏子《あんし》が輩の功烈《こうれつ》も猶《な》お為すに足らずと思うは曽子《そうし》孟子《もうし》の志気なり。若《も》し小成に安んじて気節の全き処を得ざるときは、器・常に瑣細《ささい》にして器識《きしき》の大用を知らざるなり。古《いにしえ》の臣たる人は君を尭舜《ぎようしゆん》に致さん事をあてとし、一夫も其の所を得ざるを以て己が恥とし、父に事《つか》えては曽子の如くして可なりと、未だ慊《あきた》らざるの志を置く。是れ皆志気《しき》の高尚にして小成小利を事とせざるが故なり。彼の許由《きよゆう》天下の譲《ゆず》りをきいて耳を潁川《えいせん》の流に洗えば、巣父《そうほ》其の水を牛にだも飲ます可《べ》からずと云うて下流を汲《く》まず、范蠡《はんれい》が五湖に浮んで越《えつ》を覇《は》たらしめたる功を受けず、荘周《そうしゅう》が鳳凰《ほうおう》の飛ぶを見て、くされたる鼠《ねずみ》をつかめる鴟《ふくろ》の嚇《おどし》をいえるたとえ、厳子陵《げんしりょう》が三公《さんこう》にも江山《こうざん》の翫《たのしみ》を易《か》えざる、何れも聖人の道より云えば其の弊《へい》なきに非ずと雖《いえど》も、利害に於て聊《いささか》も志を留めず、天下の大器と雖も我が自適する処に易う可からずと、気節を立てたらん処は誠に大丈夫の気象《きしょう》というべし。衣を振う千仭《せんじん》の丘、足を濯《あら》う万里の流、大丈夫此気節なかる可からずと云えるは、斯の如きの心にもありぬべしと。

〔出　典〕

山鹿素行《やまがそこう》『山鹿語類』巻二十一の士道篇の「明二心術一」の項の四「気を養い心を存す」の「志気」の条《くだ》り。その士道論の核心の条りである。

〔大　意〕

素行先生は説いていう。大丈夫《だいじょうぶ》を志す者も、些小《さしょう》の低い所を志していたのでは、その為す所、学ぶ所が微小《びしょう》となってしまって、到底、大器となることはできない。大丈夫としての道に志す時には、管仲《かんちゅう》がその君を覇者《はしゃ》となし、晏子《あんし》がその君の名声を天下に轟《とどろ》かせるという功業を打ち立てたが、それも、所詮《いわゆる》、覇道を行ったに過ぎず、王道を行わせるという大業をなしとげたわけでもなく、全く為すに足りないと思うことこそ、曽子《そうし》・孟子《もうし》の志気にほかならない（このような志気の大きさを求めたものなのだ）。もし、些細《ささい》なことの成就に安んじて、気節（気概があって節操にも堅いこと）を存分に実現し得ない時には、その人物の器量は、常に小さく、器量と造詣《ぞうけい》の偉大な機能を知らないことになってしまうのだ。

古《いにしえ》の臣たる人は、尹伊《いいん》が湯王《とうおう》の臣としてその君を堯《ぎょう》・舜《しゅん》のような聖天子にすることを目指し、一人の庶民でも、皆その人なりにそれぞれ所を得る恩恵に浴さなければそれを自分の恥としたように、また、曽子のような理想的な孝行をなし得て初めて満足するように、まだまだ満足の域には達していないとする程の高遠な理想精神を抱く。これは皆、志気が高尚であって、小成・小利の成就などは、本来の目的とはしていないからなのだ。

あの許由《きょゆう》が、尭帝が天下を自分に譲ると聞いて、それを耳の汚れとして潁川《えいせん》の流れで洗おうとし、それを聞いて巣父《そうほ》が、耳の汚れを洗った潁川の水は牛にさえ飲ませなかった等の高節な隠古の故事も、范蠡《はんれい》が越王勾践《こうせん》に仕え、二十年余の苦節の末に宿敵の呉王夫差《ふさ》を滅ぼして会稽《かいけい》の恥をそそぎ越王を覇者とさせながら、その大功の報酬を受け取らず江湖《こうこ》に舟を浮かべて越を去った出処進退の見事さも、荘子の、恵子（恵施）が梁《りょう》の宰相の地位を荘子（荘周）に横取りされまいとして威嚇《いかく》した際、腐った鼠《ねずみ》をつかんだ鴟《ふくろう》（鳶《とび》）が鳳凰《ほうおう》の飛ぶのを見て獲物を取られまいとして威嚇した喩《たと》えを使って諭した逸話。また厳子陵《げんしりょう》が、三公（諌議大夫《かんぎだいふ》）の厚遇をもって後漢の光武帝に召されながら、それを受けず、春富山に自適して自然を愛でる楽しみには代えられぬとして、召に応じなかった去就《きょしゅう》の妙《みょう》など、これらの例は、いずれも、聖人の道（中庸《ちゅうよう》）からいえば過不及の弊がないわけではないが、共通していえるのは、己の利害得失には心を留めず、天下国家という大器といえども自分が自適する生き方の価値には代えられないと気節を優先するところは、まことに大丈夫の気象（こころだて）ということができる。

千仭《せんじん》の高い岡に立って、衣の塵《ちり》を振るい落とし、万里の遠きに流れる川の流れで足の汚れを洗いすすぎたい（世俗の名利を捨て去って隠遁《いんとん》し自適したい意）、大丈夫たる者は、この語句のような気節がなければならないといわれたのは、前述のような心延《こころば》え（心構え）でもあったからであろう、と。

◯注　釈

・**志気**…こころざし。事を成そうとする意気ごみ。心の勢い。「志は気の帥《すい》なり」つまり志は心の発動であって、一身の主宰として気を帥《ひき》いていくものであるとする。『孟子』の所説をふまえて用いられることば。

安岡先生は、活力気魄《きはく》に裏打ちされた理想精神というほどの意味で、志気ということばを用いていている。

・**大丈夫**…意志のしっかりした立派な人物。ますらお。『孟子』の「富貴も淫《いん》する能わず、貧賤も移す能わず、威武も屈する能わず、これを是れ大丈夫と謂う」の所論をふまえて用いられることば。武士道のめざす理想的人物の意としても用いられる。

・**管仲晏子が輩の功烈**…王道という理想をめざす曾子・孟子の志気の高さからみれば、管仲・晏子の偉大な功績ですら、覇道を行ったに過ぎず、為すに足りないと考える『孟子』公孫丑《こうそんちゅう》篇上の著名な論議をふまえている。

管仲は、春秋時代に宰相として斉の桓公を覇者たらしめ、夷狄《いてき》の侵入を撃退し、晏子（晏嬰）もまた、同じく斉の名臣として並び称された。

・**君を尭舜に致さん**…伊尹は、殷の湯王に仕えて、「この君をして尭舜のような君主にする」ことをめざし、「天下の人民の一人でもが、尭舜のような聖天子の恩恵を被らない者がある」ならば、自分の責任であるとしたように、「自ら任ずるに天下の重きを以てする」ほど志気が高尚であったとする『孟子』万章篇上の文章をふまえている。

・**父に事えては曾子の**…曾子（曾参《しん》）は、孔子より四十六歳若い弟子。孔子の学問をよく継承して後世に伝えたとされ、孝道に優れていたので、孔子が、特に曾子に孝道を説いたとされている。その内容が『孝経』にまとめられている。

・**慊る**…精神的に満足する。あきたりる。

・**衣を振う千仭の丘**…晉の左思《さし》の詠史詩八首（その五）の著名な詩句「振レ衣千仭崗、濯レ足萬里流」（「詠史」の項の二首参照／六十四頁）をふまえた表現。安岡先生が、しばしば好み引用される詩句。

〔**解　説**〕

安岡正篤先生が、若き日に心酔傾倒した江戸時代の人物に、山鹿素行と熊澤蕃山《くまざわばんざん》がいる。この二人の文章を引用する時には、全面的にそのまま引用することが多かったことが、その証しといえよう。

「志気」及び次項の「力量」の両項がその好例といえる。この「志気」の文中、素行が引用する故事や史実は、そのまま若き日の安岡先生の心をとらえたそれであったといえる。

管子・晏子と曽子・孟子に関する『孟子』公孫丑篇上の記述、君を尭舜に致さんとした伊尹に関する『孟子』万章篇上の記述から、厳子陵に関する『後漢書《ごかんしょ》』逸民伝・厳先生祠堂記《げんせんせいしどうき》の記述、左思「詠史詩」に到るまで、すべて若き安岡先生が深く感銘し、素行の感銘を追体験したものばかりである。

この文章は、『日本精神の研究』の中の「人格の涵養《かんよう》―山鹿素行について―」に詳論したものの一部であり、若い学徒に朗唱《ろうしょう》させたいと考えた名文であったことがわかる。「君子は豪傑《ごうけつ》でなければならず、聖人は英雄でなければならぬ」と若い学徒に訴えかけたかったのであろう。

13――力　量

素行《そこう》先生曰《いわ》く、力量というは従容《しょうよう》として万物《ばんぶつ》をととのえ、談笑《だんしょう》して四海《しかい》をしたがえ、地の重きを負い、海の広きをひたし、天の大にして外《そと》無く、日月《じつげつ》の通ぜざるなき、これ皆自然の力量なり。されば天下に中して立ち、四海の民を定むるとも、是を以てほこらず、大事を一胸襟《きょうきん》に定め、大節を万民の上にほどこせども是を以て大なりとせず。此《かく》の如くに気の力量を養い得ずしては、物々にせばまり困《くる》しんで、浩然《こうぜん》の大なるを得べからざるなり。故《ゆえ》に度量を以てすべしといえり。我れに気を養う所うすくして、大丈夫《だいじょうふ》の本意立たざる時は、利害好悪《こうお》に就いて心ここに動き、気ここに妄作《もうさ》して、真を失うべし。人皆物に当って急く処出《せ》で来ることは、気妄動《もうどう》して処を失うを以てなり。妄動する時は知これが為にかくれて、所為《しょい》皆妄《もう》作《さ》なり。更に寛広《かんこう》の処なし。大丈夫生死《しょうじ》一大事の地に臨み、白刃《はくじん》を踏《ふ》み、剣戟《けんげき》をほとばしらしめて剛操《ごうそう》の節をあらわし、大事に臨み、大義を決し、紳《しん》を垂《た》れ、笏《こつ》を正し、声色《せいしょく》を動かさずして天下を泰《たい》山《ざん》の安きに措《お》くと云いける、文武の大用は度量の間に存すべきなりと。

〔出　典〕

山鹿素行《やまがそこう》『山鹿語類』巻二十一士道篇の「明㆓心術㆒」の項四「気を養いて心を存す」の「度量」の条《くだ》りの後半部分。前半の「その人の度量、寛広にあらざれば、力量また逞《たくま》しからず」を承けて、後半は、「力量」に力点を移して論じ、結論は、再び「度量」でまとめている。

〔大　意〕

前半の「士は、その至れる天下の大事をうけて、その大任をいたす寛広な度量がなければならず、…天空の鳥の飛ぶに任せ、海濶《ひろ》くして魚の躍《おど》るに委《まか》す。大丈夫《だいじょうふ》、この度量無かるべからず」とする議論を承けて――。

士、つまり大丈夫の力量は、従容《しょうよう》として（ゆったりと落ち着いて）万物を調整し、談笑のうちに（余裕綽綽《しゃくしゃく》のうちに）天下を統活し、あたかも重きを背負い、大海の広きにゆきわたり、広大な天空のかなたにも及び、日月の光のあまねく照らす自然の力量でなければならぬ。

さればこそ、中道に基づいて天下に立ち、天下の人民を安んじても、誇ることなく、大事をわが一心に定めて、仁義の政事を万民の上に施しても、大功と思わない。そのような浩然《こうぜん》の気に基づく力量を養い得ないならば、物事の一つ一つに拘泥《こうでい》して困惑してしまって、大所高所からの対応ができなくなってしまう。それゆえに広大な度量を以て対処すべきなのだ。自分自身に大きく強い浩然の気を養うことうすくして、大丈夫の本意が確立しない時には、利害、好悪の情意に心が惑わされて妄動《もうどう》し、正しい道を踏みはずしてしまう。人はみな、物事の処理に当たって慌ただしく急かされる場合は、気が動顚《どうてん》して正しい対処が叶《かな》わなくなってしまうからである。気が動顚すると、理性がくらまされて、やることなすこと、皆でたらめになって、寛広な力量による適正な処置は、全く影をひそめてしまう。

士、大丈夫たる者は、生死の関頭《かんとう》に臨んでは、白刃《はくじん》をも踏む勇を振るい、剣戟《けんげき》の火花を散らすようにして、剛直な節操をあらわし、「大事に臨み大議を決するのに、礼を正して、言語顔色に動揺《どうよう》の色を見せず、天下を泰山《たいざん》の安きに措《お》く」という欧陽《おうよう》脩《しゅう》の「昼錦堂記《ちゅうきんどうき》」の名言のように、文・武の大事に処するには、寛広な度量をもってせねばならぬのだ、と。

○**注　釈**

・**天下に中して立ち**…中道・中庸《ちゅうよう》の道に基づいて天下の事に処する。
・**胸襟に定め**…胸の中、つまり心の中で決定、決意して。
・**大節**…重要な任務、重大な事柄。

・**浩然の大なるを**…前条《ぜんじょう》「気を養うを論ず」の中で『孟子』の「浩然の気を養う」を論じ、「唯だ心は気に因って或《あるい》は動揺し或は困苦するものなれば、常に道義を以て浩然の気を養うことができれば、それは剛く大きく、能く万物の上に伸びて、物に屈する処がない」と述べたことを承けた表現である。

・**大丈夫の本意**…大丈夫のまことの心。

・**白刃を踏み**…『中庸』第九章の「白刃をも踏むべきなり。中庸は能くすべからざるなり」（白刃《ヲモ》可《キ》レ踏《ム》也。中庸《ハ》不《ル》レ可《カラ》レ能《クス》也）をふまえた表現。「白刃をも踏むことができる」とは、勇気ある喩《たと》えである。

・**剛操の節**…士が道の根本を立てて動かぬ力を剛操という。剛は「外物に屈せぬ」の意。操は「わが義とする志を守って、いささかも変ぜざる」と安岡先生が後の項で説明している。

・**紳を垂れ、笏を正し**…衣冠束帯《いかんそくたい》をおごそかにすること。宋の欧陽脩の作「昼錦堂記」の中の著名なことば「能く将相に出入し、王家に勤労して、夷険一節《いけんいっせつ》なり。大事に臨み大議を決するに至っては、紳《しん》を垂れ笏《こつ》を正しうして声色《せいしょく》を動かさずして、天下を泰山の安きに措く。社稷《しゃしょく》の臣と謂うべきなり」（『古文真宝《こぶんしんぽう》』後集巻之四所収）宋の韓琦《かんき》は、昼錦堂を役所の庭に造った。「錦を衣て夜行くがごとし」の語に因《ちな》んでの命名。友人の欧陽脩が記を作った。その著名なことばを引用しふまえている。

〔解　説〕

前項の「志気」と同じく、この「力量」も、山鹿素行の「士道論」の中の「心術を明らかにす」の四「気を養い心を存す」の一項であり、『日本精神の研究』の中で、「志気」に続けて「度量」の項の後半に「力量」と置き換えて説いているところである。

14──士規

凡《およ》そ生れて人と為りては、宜《よろ》しく人の禽獣《きんじゅう》に異《ことな》る所以《ゆえん》を知るべし。蓋《けだ》し人に五倫《ごりん》あり。而《しこう》して君臣父子を最大と為《な》す。故《ゆえ》に人の人たる所以、忠孝《ちゅうこう》を本と為す。

凡そ皇国《こうこく》に生れては、宜しく吾《わ》が宇内《うだい》に尊き所以を知るべし。蓋し皇朝《こうちょう》万世一統《ばんせいいっとう》、邦国《ほうこく》士夫禄位を世襲《せしゅう》、人君・民を養い、以て祖業を続《つ》ぎ、臣民・君に忠に、以て父志を継ぐ。君臣一体、忠孝一致、唯《ただ》吾国を然《しか》りと為す。

士の道、義より大なるはなし。義は勇に因《よ》りて行われ、勇は義に因りて長ず。

士の行、質実不欺《ふき》を以て要と為し、巧詐《こうさ》文過を以て恥と為す。光明正大、皆是れに由《よ》りて出づ。人古今《ここん》に通ぜず、聖賢を師とせずんば則ち鄙夫《ひふ》のみ。読書尚友《しょうゆう》は君子の事なり。

成徳達材《せいとくたつざい》には師恩友益《しおんゆうえき》多きに居る。故に君子交遊を慎《つつし》む。

死して後已《や》むの四字、言簡《げんかん》にして義広し。堅忍果決《けんにんかけつ》、確乎《かっこ》として抜くべからざる者、是れを舍《お》いて術なきなり。

是れ松陰《しょういん》先生士規七則《しきしちそく》なり。学人は宜しく此の規を以て頑《がん》を訂《てい》し、愚《ぐ》を砭《へん》すべし。

〔出　典〕

吉田松陰《しょういん》の「士規七則《しきしちそく》」。従弟で弟子でもある玉木毅甫《たまききほ》の元服《げんぷく》に当たって、松陰が士としての心構えを漢文で綴《つづ》って与えたもので、「松下村塾記《しょうかそんじゅくき》」と共に、松陰の学びと教えの理念・内容が盛り込まれた名文として知られている。

末尾の一行は、安岡先生の教えである。

〔大　意〕

一、人間として生まれたからには、禽獣《きんじゅう》と異なるゆえんを知らねばならぬ。それは、人間には、五倫《ごりん》、すなわち、君臣の義、父子の親、夫婦の別、長幼の序、朋友《ほうゆう》の信、という人間関係を規律する五つの徳目が存することである。その中でも特に重要なものとして、君臣の義、つまり忠と、父子の親、つまり孝との二つが根本をなしている。この第一則は、「大義名分論《たいぎめいぶんろん》」に立脚する君臣の義、父子の親、忠孝の重視を述べている。

一、日本人としてこの皇国《こうこく》に生まれたからには、この日本の国の在り方が、世界中で最も尊いものであることを忘れてはならない。天皇が万世一系で君臨する下、諸藩では代々家禄《かろく》を世襲《せしゅう》する藩主は、人民を養って祖業《そぎょう》を続け、臣民はこれに忠義を尽くして父祖の志を継承している。このように君臣一体・忠孝一致する国体は、世界中でわが国のみであり、他国に類例を見ないからである。この第二則は、大義名分論の中の「華夷内外《かいないがい》の弁《べん》」と国史研究に基づく「国体論《こくたいろん》」の趣旨で述べている。
一、武士道では、義を最も重視する。その義は勇によって実践され、その勇もまた、義によって長ずるのである。この第三則は、山鹿素行の士道精神の根幹、義勇の尊重をふまえて述べている。
一、武士の生き方の要《かなめ》は、質実不欺《しつじつふき》であり、武士の恥とするところは、巧詐《こうさ》で過ちを正当化することである。光明正大を誇りうるのは、皆この二者に由《よ》るのである。この第四則は、武士道の実践躬行《きゅうこう》のあり方、光明正大の生き方を述べている。
一、人間として歴史に学ばず、古《いにしえ》の聖人賢者を師と仰がなかったならば、凡人に過ぎないことになる。歴史と古典に学ぶことこそ君子となるゆえんである。この第五則は、士君子として「経《けい》・史《し》の学」、「読書尚友《どくしょしょうゆう》」（出典『孟子』）の必須なることを強調して述べている。
一、人間が徳を成し才を達するには、師の恩と友の益に恵まれることが不可欠で大部分を占めるのであるから、君子は、良き師佳《よ》き友を選んで交遊する必要がある。

この第六則は、士君子の学びのねらいと方途《ほうと》の核心に触れ、師友を選ぶことに慎重であれと説いている。

一、死んではじめて終わる。死ぬまでは自分の任務使命に精進せねばならぬ。その意を表した「死而後已」の四文字は、言葉は簡略であるが、意味するところは、広く深い。意志がしっかりしていてどんな困難や誘惑にも心を動かさず、「胆《たん》識《しき》」をもって果敢《かかん》な決断ができて、しかも、決してものに動じず心がゆるがないためには、この四文字の意味する覚悟を決める以外に方法はない。この第七則は、山鹿素行の士道論の要諦《ようてい》「死を常に心にあてて」「節を守り節に死するを守とする」を承けて、『論語』の曽子《そうし》の言葉をあげて七則全体の結びとしたものである。

これは、松陰先生の士規七則である。学人は、張横渠《ちょうおうきょ》が、その学堂の右左に掲げた「訂頑《ていがん》」（西銘《せいめい》）と「砭愚《へんぐ》」（東銘《とうめい》）の誡訓として、胆に銘じ、自分の戒とせねばならない。

○注　釈

・**凡そ**…文章・話などを切り出す時に用いる語。そもそも、一体ほどの意味合いで用いられる。

・**人の禽獣に異る所以**…人間が禽獣とちがう理由、区別される要点ほどの意味。『孟子』の次の言葉に依拠したと松陰自身もこの言葉を「藤井倉田郎氏蔵松陰眞蹟《しんせき》士規七則」に書き添えている。

「孟子曰く、人の道ある（たる）や、飽《ほう》食《しょく》煖《だん》衣《い》、逸《いっ》居《きょ》して教え無ければ、則ち禽獣に近し。聖人これを憂うる有り。契をして司徒たらしめ、教うるに人倫を以てす。父子親有り、君臣義有り、夫婦別有り、長幼序有り、朋友信有り（ここに割り注として中庸に曰く、君臣也、父子也、夫婦也、昆《こん》弟《てい》也、朋友の交り也、五者は天下の達道也の話を引用している）。又曰く、人の禽獣に異る所以（の者）はほとんど希なり。庶民はこれを去り、君子はこれを存す」（いずれも原漢文）。

ここで注目せねばならないことは、『孟子』と『中庸』では、君臣と父子の順序が異なっていること。松陰は中庸の順序に依っていることである。当時の武士道では、君臣が父子に優先していたのである。

・**五倫**…五つの人として踏み行うべき道（人倫）。『中庸』では、どこへ行っても、人として歩まねばならない道（達道）としている。

・**忠孝**…忠は君臣の義を、孝は父子の親を、それぞれ代表する徳目である。

・**皇国**…音読みは、こうこく、訓読みは、すめらみくに。万世一系の天皇が統治される国。日本の歴史が万世一系の天皇を中心として展開されてきたと考える「皇国史観《こうこくしかん》」に立った日本の呼称。

・**宇内に尊き所以**…世界中ですぐれて尊いゆえん。「世界に冠たる国体」であること。宇《う》内《だい》は世界。

・**皇朝万世一統**…皇国の朝廷（日本の朝廷）が万世一系で国を統治していること。

・**士夫**…士大夫の意味。士は武士・官僚、夫（大夫）は、その上級の者。臣（君を輔佐《ほさ》して民を統治する者）と総称される。君に対しては臣民と一括され、民に対しては君臣と一括されることが多い。

・**禄位を世襲**…俸禄と官位（職）を子孫が代々承け継ぐこと。

・**祖業**…先祖から代々承け継いでいる事業・仕事（職業）。

・**君臣一体**…主君と臣下との間が親密で隔《へだ》てがないこと。君臣水魚《くんしんすいぎょ》ともたとえる。

・**義は勇に因って行われ**…義が行われるには勇が必要であり、勇も亦《また》義によって助長される。前掲の「松陰眞蹟士規七則」には、「自ら反して縮《なお》くんば、千万人と雖《いえど》も吾《われ》往《い》かん」という『孟子』の引用する曽子の言葉、更に「我よく吾が浩然の気を養う」という『孟子』の全文が書き添えられている。

・**質実**…派手さはないが内容がしっかりしていること。飾りけがなく、まじめなこと。

・**不欺**…うわべだけで内容が伴わないようなことがないこと。実質以上にうわべを飾ることをしないこと。

・**巧詐**…うまくだますこと。たくみにいつわること。

・**文過**…松陰は、「以二巧詐文一レ過為レ恥（巧詐にして過ちを文《かざ》るを以て恥と為す）」としていたらしい。これに従えば、たくみにいつわって過ちを正当化し、飾ってしまうことを恥と考えるの意となる。文過と読むと、実質を越えて飾り過ぎるの意にも取れよう。

・**光明正大**…明るく、暗い（うしろめたい）ところがなく、正しく大いに事が行われること。またそのさま。今日の公明正大に似た表現か。松陰はまた、「過ちて改めざる、是れを過ちと謂う」他、過ちを改める必要を説いた章句を、更には、「今の君子は豈《あ》にただに（いたずらに）これに順《したが》うのみならんや。また従ってこれが辞とす（過ちを押し通そうとするばかりか、曲った弁解をして過ちを正当化する）」という『孟子』の言葉を書き添えている。

・**古今に通ぜず**…古今は、昔と今、昔から今までの意に過ぎないが、通ぜずと合わさると、古今の歴史に通暁《つうぎょう》せずそこから学ぶことをしないという意味になる。

・**聖賢を師とす**…聖人や賢人（者）を師として学ぶこと。

・**鄙夫**…卑しい男。また身分の低い男。凡夫。士・君子に対置される語。

・**読書尚友**…読書することによって、古（昔）の聖人・賢人を友とすること。古典を読み古の聖賢を師として学ぶこと（出典『孟子』）。

・**成徳**…徳を成し遂げること。また、完成した徳の意。松陰は前者の意味で用いた。

・**達材**…才を達成すること。また、優れた才能。松陰は、前者の意味で用いた。

・**師恩**…師から受ける恩恵。

・**友益**…友から受ける利益。
・**多きに居る**…居多《きょた》または、多きに居る（居ルレ多キニ）と読み、大部分を占めるの意。
・**交遊**（**游**）…交際。人と親しくつきあうこと。松陰は交游の語を用いている。一般では「君子は交わる所を慎しむ」（慎ムレ所ヲレ交ル）となっている。この項の後に、『論語』の曽子の言葉「君子は文を以て友を会し、友を以て仁を輔く」を、更に『孟子』の「読書尚友」を説く前文を書き添えている。
・**死して後已む**（**死而後已**）…この文の後に割注として、『論語』の「曽子曰く、死して後已む。亦《また》遠からずや」と「諸葛《しょかつ》武候（孔明《こうめい》、亮）曰く、鞠躬（して）力を尽くし、死して後已む」の二語を引用している。またこの文の後には、『論語』の「子曰く、志士仁人は、生を求めて以て仁を害することなく、身を殺して仁を成すこと有り」を、更に、「生も亦我が欲する所なり、義も亦我が欲する所なり。二者、得て兼ぬるべからずんば、生を舎《す》てて義を取る者なり」とする『孟子』の全文を書き添えている。
・**頑を訂し**、**愚を砭す**…宋の張横渠《ちょうおうきょ》がその学堂の右左に掲げて誡とした文章「訂頑《ていがん》」（後に「西銘」と改める）及び「砭愚《へんぐ》」（後に「東銘」と改める）。深く頑愚《がんぐ》を戒めた文である。程伊川《ていいせん》がこれを見て、名称が露骨《ろこつ》すぎるとしたので「西銘」「東銘」と改めた（『近思録』論学篇）。

〈解　説〉

「士規」という標題の下、吉田松陰の士規七則の全文を掲げ、学徒は、これを学道に当たっての誡訓《かいくん》としなければならないと説く。

不世出の教育者としての松陰の教育理念を掲げたものが「松下村塾記」とすれば、その教育内容の要諦《ようてい》を要約したものが「士規七則」であるといえる。士の言行の軌《き》範《はん》とすべき七箇条、士たる者の履行すべき軌範、それも日本精神の先駆《せんく》となる軌範を見事にまとめた傑作《けっさく》として、安岡教学において特に尊重されている。安岡先生は、若き日以来、松陰の生き方に「国士的陶冶《こくしてきとうや》」の典型を見出し、その国士的陶冶を通して、松陰が「和魂漢才《わこんかんさい》」の伝統を継承しつつ、その新展開として「日本精神」を創造していく過程を把握し、士規七則に日本精神の原型を看取《かんしゅ》しておられるということができる。

15――伯《はく》夷《い》

南洲《なんしゅう》遺訓《いくん》に韓愈《かんゆ》の伯夷頌《はくいのしょう》を推す。頌に曰《いわ》く、

士の特立独行、義に適《かな》うのみにして、人の是非するを顧みざるは、皆豪傑《ごうけつ》の士、道を信ずること篤《あつ》くして、自ら知ること明らかなる者なり。一家之を非とするに、力行して惑《まど》わざる者は寡《すくな》し。一国一州之を非とするに、力行して惑わざる者に至っては、蓋《けだ》し天下に一人のみ。若《も》し世を挙《こぞ》って之を非とするに、力行して惑わざる者に至っては、則ち千百年にして乃《すなわ》ち一人のみ。伯夷のごときは、天地を窮《きわ》め万世に亘《わた》って顧みざる者なり。殷《いん》の亡び周《しゅう》の興るに当ってや、微《び》子《し》は賢なり。祭器を抱いて之を去る。武王周公《しゅうこう》は聖なり。天下の賢士と天下の諸侯とを従えて、往いて之を攻む。未だ嘗《かつ》て之を非と

する者有るを聞かず。彼の伯夷叔斉《しゅくせい》は乃《すなわ》ち独り以て不可と為す。殷既に滅び、天下周を宗《そう》とするや、彼の二子乃ち独り其の粟《ぞく》を食うを恥じ、餓死《がし》して顧みず。是に由《よ》って言えば、道を信ずること篤くして、自ら知ること明らかなるなり。今世の所謂《いわゆる》士は、一凡人之《いちぼんじん》を誉むれば則ち自ら以て余有りと為し、一凡人之を沮《はば》めば則ち自ら以て足らずと為すと。

是れ功利の本源を抜塞《ばっそく》せずんば企て及ばじ。誰か所謂猶興《ゆうこう》の豪傑たる者ぞ。

〔出　典〕

韓愈《かんゆ》の「伯夷頌《はくいのしょう》」(『唐宋八大家文読本』所収)。

〔大　意〕

『南洲遺訓《なんしゅういくん》』の中で西郷南洲は、韓愈の伯夷頌を推奨《すいしょう》しているが、伯夷頌は、次のように述べている。

卓越した人物である士は、世間にとらわれぬ地歩を占め、世評の影響を越えて、ひとり信ずる道を実践して、ただ道義にかなっているかどうかのみを考え、世俗の評判などには目もくれない。というのは、みな人並み優れた立派な人物であり、道義を信ずること篤く、自分自身の生き方を明らかに知っているからである。

一家のものがみな、非として反対しても、力を尽くして行って惑わないものは少ない。一国一州の人がみな、非として反対しても、力を尽くして行って惑わないものとなると、おそらく広い天下にも、ただ一人だけだろう。

もし世の中の人すべてが、非として反対しても、力を尽くして行って惑わないものとなると、千年百年にやっと一人に過ぎないであろう。

伯夷のような者は、天地を窮《きわ》め、万世にわたって、特立独行し他の評判なぞ顧みない人物である。殷が亡び周が興る「殷周革命《いんしゅうかくめい》」の時に、殷の紂王《ちゅうおう》の庶兄の微子《びし》はすぐれた徳があったが、祖廟《そびょう》の祭祀《さいし》の器物を携えて紂王の下を去り、周の武王と周公旦《しゅうこうたん》とは聖人であり、天下の徳のすぐれた人物と多くの諸侯を従えて、暴君紂王を攻伐《こうばつ》した。この時、この攻伐を非難する声を聞くことはなかった。ところが、あの伯夷と叔斉《しゅくせい》とは、独りこの攻伐を不可としたのである。殷が既に滅んで、周の天下になった時、あの二人だけは、独り周の天下の穀物を食らうことを恥として、餓死して顧みなかったのである。このことからいうならば、ただ道義を信じること篤く、自分自身の生き方を明らかに知っていたのである。

これに較べて、今の世の卓越した人物といわれているものは、一凡人《いちぼんじん》が自分を誉めれば、自分もそれで充分余りありと思い、一凡人が自分の名誉をさまたげれば、自分でも不充分だと思う状態である。

以上のような状態を打開するには、功名利益を求める功利の観念の本源を抜本塞源《ばっぽんそくげん》しないことには、企て及ばないことである。しかし、そのようなことを期待できるのは、全く他に頼らず、独力で自覚して立ち上がり得る、豪傑の士以外にはないが、誰がその役割を果たすのであろうか（王陽明の「抜本塞源論」をふまえた表現である）。

○注　釈

・**南洲遺訓に**…南洲遺訓の三十一に「道を行う者は、天下挙《こぞ》って毀《そし》るも足らざるとせず、天下挙って誉むるも足れりとせざるは、自ら信ずるの厚きが故也《ゆえなり》。其の工夫は、韓文公が伯夷の頌《しょう》を熟読して会得《えとく》せよ」とある。

・**韓愈**…字《あざな》は退之。唐中期の政治家、思想家、文人（七六八～八二四）。六経百家《りくけいひゃっか》の学に通じ進士に及第《きゅうだい》。直言して二度左遷されたが、国子祭酒《こくしさいしゅ》（国立大学長）、兵部及び吏部《りぶ》侍郎《しろう》（次官）に返り咲いた。没後、礼部尚書《れいぶしょうしょ》（長官）を追贈された。

思想家としては、儒学を尊重、老荘思想や仏教を異端《いたん》として排斥《はいせき》し、宋学隆盛の先駆《せんく》となった。文人としては、柳宗元《りゅうそうげん》と共に六朝以来の四六駢儷文《しろくべんれいぶん》の流行を歎き、古文の復興を主唱し、唐宋八大家の筆頭に挙げられた。その「伯夷頌」は、司馬遷の『史記』の「伯夷列伝」第一に基づき、伯夷の所信を貫徹する生き方を称賛《しょうさん》する文章で、傑作《けっさく》として知られる。

・**特立独行**…世俗に随《したが》わず、自らの所信によって進退すること。他に屈従しないで、その所信を遂行すること。

・**豪傑の士**…豪も傑も、才・徳の人なみすぐれた人のこと。『孟子』に「文王を待ちて而《しか》る後に興る者は、凡民《ぼんみん》なり。かの豪傑の士のごときは、文王無しと雖《いえど》も、猶《な》お興る」（尽心上）とあり、「猶興《ゆうこう》の豪傑」という概念も、この文章から生まれた。

・**力行**…つとめおこなう、力を尽くして行う。

・**天地を窮め万世に亘《わた》って**…天地の果てをきわめ、万世の永きにわたっても、ただ一人というほど稀《まれ》な、特立独行、他を顧みない人物である。「顧みざる者」とは、他の批判を顧みずに信念を独行する豪傑の士であるという意味。

・**殷の亡び周の興るに当ってや**…今日、実在が確認されている最古の殷王朝（前一六〇〇頃〜前一〇二七）が帝辛（紂王《ちゅうおう》）の自殺を以て滅亡し、代わって周王朝（前一〇二七〜前二四九）が武王によって成立する。いわゆる「殷周革命」の時に当たっては、という意味。

なお、ここにいう革命は「易姓革命《えきせいかくめい》」（姓を易え命を革める）のこと。易姓革命とは、この世において天の意志を代行する「天命」を承けた「天子」の位を継承世襲する「氏姓」が易わること。欧米の革命 Revolution とは異なる概念である。

・**微子は賢なり**…殷の紂王の庶兄の微子は、すぐれた徳があった。悪政を行う紂王を諫《いさ》めたが聞き容れられず、殷の祭祀《さいし》の器具をたずさえて殷王朝を去り、道を尊ぶといわれた西伯《せいはく》（後の周の文王）のもとに走った。

・**功利の本源を抜塞《ばっそく》せずんば**…王陽明の「抜本塞源論」（『伝習録《でんしゅうろく》』所収）をふまえたことば。「抜本塞源」とは、『春秋左氏伝』に見えることばで、「根を抜き、水源を塞《ふさ》ぎ、悪いことの根源を絶つ」という意味である。この文の意味は、「功名利益を求める功利の観念の本源を抜本塞源することとなしには」ということ。

・**猶興の豪傑**…前の注釈「豪傑の士」参照。この猶興の豪傑でなくては、「抜本塞源」の難事を遂行することは期待できないとする王陽明の教えを下敷きにした表現である。

〈付　記〉

「伯夷頌」が下敷きにしている『史記』伯夷列伝第一の記述を現代語訳して次に掲げておく。

その伝によれば、伯夷と叔斉は、殷の諸侯の一人孤竹君《こちくくん》の二人の子である。父は自分のあとに叔斉を位につけたいと思っていた。その父が死んだ時、叔斉は位を兄である伯夷に譲ろうとした。伯夷は、叔斉が継ぐのが父の命であると言い、遂に国を去ってしまった。叔斉もまた位につこうとせずに、国を去ってしまう。孤竹国の人びとは、伯夷の弟で叔斉の兄に当たる仲《ちゅう》を位につけた。

伯夷と叔斉とは、西伯（周の文王）が敬老の徳が篤いとの評判を聞いて、その下に従おうと出かけた。到着してみると、西伯は既に死んで、その子の武王が父西伯の位牌《いはい》を車に載せ、これを文王《ぶんのう》と名づけ、東に向かって殷の紂王を攻伐しようとしていた。伯夷と叔斉とは、武王の馬をおさえて、「父が死んで、葬儀もせず戦いに及ぶのは、孝といえない。臣下でありながら君主を殺すのは、仁といえない」と諫めた。武王の側近の者は、二人を殺そうとしたが、軍師の太公望呂尚《たいこうぼうりょしょう》が、「このものは義人である」と口添えして、その場から去らせた。

のちに武王が殷を平定しおえると、天下は周を宗国《そうこく》と仰ぐことになったが、伯夷と叔斉とは、武王の周王朝の下で禄《ろく》を食《は》むことを恥として、自分たちの正義を守って首陽山《しゆようざん》に隠遁《いんせい》し、山菜を採取してこれを食い、遂に餓死するに際し歌を作った。その言葉に、「諫言《かんげん》は容れられず、周の世に生きることを避けて、西山に登ってそのわらびを採ってわずかに飢えをしのいでいる。周の武王はみずからの暴をもって殷の紂王の暴にとってかわった非に気づいていない。古からの王道は今やまるでなくなってしまった。ああ、わたしは、どこに行き、どこに落ち着けばよいのか。死ぬほかあるまい。天命は、すっかり衰微《すいび》してしまった」と述べて、とうとう首陽山で飢え死にしてしまった。

この記述の後に、司馬遷は、「余甚《はなは》だ惑う。あるいは、いわゆる天道、是か非か」（私は甚だ当惑する。天道というものは、いったい正しいのか間違っているのか。ことによると間違っているのではないか）とまでいっていることが、古来、注目されてきた。

〔解　説〕

伯夷・叔斉は、正義の人の代表として、司馬遷が『史記』の列伝の筆頭に載せた人物で、孔子も、「仁を求めて仁を得た」古の賢人として、しばしば称賛している。孟子も、「聖の清《せい》なる者」（聖人中、清廉潔白《せいれんけつぱく》を代表する者）として、多岐《たき》にわたって賛辞《さんじ》を惜《お》しまない。これを承けて、孔子・孟子を尊崇してやまなかった韓愈《かんゆ》の傑作「伯夷頌」が生まれた。

わが国でも、徳川光圀《みつくに》が「伯夷列伝」に感動して、その生き方を変え、西郷南洲も「遺訓」で推奨している。

安岡先生も、『王陽明研究』に始まり『禅と陽明学』に至るまで、「抜本塞源」を為し得る「猶興の豪傑」に期待して「特立独行」の士を称え、伯夷・叔斉にまで遡《さかのぼ》った。

『光明蔵』に「伯夷」が選ばれたゆえんであろう。

16――才と徳

吾曹《わがともがら》当世に生れ、毎《つね》に本《もと》を棄《す》てて末《すえ》に趨《はし》り易し。本を棄てて末に趨れば怨憎《えんぞう》多し。徳は本なり、才は末なり。今人《こんじん》更に徳を論ずるを知らず、徳を養うを知らず。唯だ才智芸能を論じ、之を獲《え》むことを庶幾《こいねが》う。而して才智芸能の自《みずか》ら傷つけ世を害《そこな》うを知らざるなり。司馬温公通鑑《しばおんこうつがん》に之を警《いまし》めて云《い》う、

才徳全尽《さいとくぜんじん》、之を聖人といい、才徳兼亡《けんぼう》、之を愚人《ぐじん》という。徳・才に勝つ、之を君子といい、才・徳に勝つ、之を小人《しょうじん》という。凡《およ》そ人を取るの術、苟《いやしく》も聖人君子を得て之に与《くみ》せずんば、その小人を得んよりは愚人を得んに若《し》かず。何となれば則ち君子は才を挟《さしはさ》みて以て善を為し、小人は才を挟みて以て悪を為す。才を挟みて以て善を

為す者は、善至らざるなく、才を挟みて以て悪を為す者は、悪亦《また》至らざるなし。愚者は不善を為さんと欲すと雖《いえど》も、智周《あまね》きこと能わず、力勝《た》うること能わざればなり。然《しか》れども、徳は人の厳《はばか》る所にして、才は人の愛する所なり。愛する者は親しみ易く、厳る者は疎《うと》んじ易し。故に国を為《おさ》め家を為むる者、苟《いやしく》も能く才徳の分を審《つまびら》かにして、先後《せんこう》する所を知らば、又何ぞ人を失うを患《うれ》うるに足らんやと。

〔出 典〕

司馬光《しばこう》（温公）の名著『資治通鑑《しじつがん》』周紀《しゅうき》一、威烈王《いれつおう》の項「智伯《ちはく》の亡ぶるや、才、徳に勝てばなり」で始まる司馬光の「論賛《ろんさん》」（史伝の終わりに著者が加えた論評）の中の文章。才と徳、小人《しょうじん》と君子をそれぞれ明確に弁別した人物論、人事論として著名なもので、安岡教学の人物論の原点となる条《くだ》り。初めの四行は、安岡先生の導入の文章。

〔大意〕

われわれは、今の世に生きて、常に、本（根本）を棄てて、末（枝葉末節）におもむきがちである。本を棄て末に趨《はし》れば、うらみやにくしみが多くなるものである。徳こそ本であり、才は末にすぎない。それなのに、今の人は、少しも徳について議論し徳を養うことを知らず、ただ、才智や芸能だけを論議し、これを獲得しようと願望する。しかし、そのような才智芸能に片寄れば、自分自身を傷つけ、世の中の弊害にもなることに気付かないのだ。司馬温公は、『資治通鑑』の中で、これを警告して次のように言っている（この導入部分は安岡先生のことば）。

才（才智）と徳（徳性・徳望）とを共に究め尽くした人を聖人《せいじん》といい、才も徳もどちらも無い人、これを愚人《ぐじん》といい、徳が才よりも勝っている人、これを君子《くんし》といい、才が徳よりも勝っている人、これを小人という。（このように人物を分類した上で）一般に人物を任用する方法の要点をいえば、仮にどうしても、聖人や君子を任用し、このような優れた人物と一緒に行うことが叶《かな》わないとするならば、小人を任用するよりも、むしろ愚人を任用した方がよいのである。

なぜならば、君子は、（徳に基づいて）才智を善用して善行を為し、小人は（徳に劣っていて）才智を悪用して悪業を為すものだからである。才智を善用して善行を為す者は、どのような善でも実現できないことはなく、才智を悪用して悪業を為す者は、どのような悪でも実現できないことはない。ところが愚人は、たとえ不善を為そうとしても、それを為すための才智が不十分なので、不善を為すだけの能力もないからである。

しかしながら、徳は、とかく人びとの敬遠しがちなところであり、才は、人びとの愛好しがちなところである。愛好するものには親しみやすく、敬遠するものは、疎《うと》んじやすい。

だから、国を治め家を斉《ととの》えようとする者は、まことによく才と徳との区別をつまびらかにし、両者の優先順位を知れば、人物の任用で失敗する心配はないであろう、と。

○注釈

・**才と徳**…司馬光は、本文に引用された文章の前の部分に、次のような大意の文章を置いている。

（春秋時代、晋の四大夫の中で最も有力有能であった）智伯《ちはく》が、（他の三大夫によって）滅亡させられてしまったのは、才があまりにもすぐれ、徳がとぼしかったからである（「才、徳に勝てばなり」）。いったい才と徳とは、区別されねばならないものだが、世の中では、これを弁別せず、一緒にしてしまって、賢《けん》（すぐれている）の一語で括《くく》ってしまっている。これが人物評価を失敗させる理由なのだ。そもそも、聡明《そうめい》で洞察力があり、意志が強くてくじけない能力（「聰察彊毅《そうさつきようき》なる」）を才と謂い、正しく素直で、中庸を得て調和し片よらない人柄（「正直中和《せいちょくちゅうわ》なる」）を徳と謂うのである。そして才は徳の資材となるものであり、徳は、才を正しく機能させる指揮者である（才は徳の資《し》なり、徳は才の帥《すい》なり」）。

右掲の文章に、司馬光の「才と徳」の意味が明確に表されているが、今日一般には、才は、才能、才幹、才智ほどの意味で、徳は、徳性、徳望、人望ほどの意味で用いられることが多い。

・**本と末**…本末は、もととすえ、始と終、先と後の意味で用いられる。『大学《だいがく》』には、「物に本末《ほんまつ》あり、事に終始《しゅうし》あり、先後《せんこう》する所を知れば、則ち道に近し」とあり、『論語』には、「君子は本を務む。本立ちて道生ず」と見える。ところが小人は、とかく「本を棄《す》てて末に趨《はし》り易い」とされている。

・**徳は本なり、才は末なり**…安岡先生は、「人間には四つの要素がある。徳性と知能、技能、及び習慣である。徳性が本質で、知能や技能は、いくら有用、有意義でも、属性的なものである。習慣は徳性と離すことのできないもので第二の天性ともいわれる。知も技もこれに結ばれなければ本ものにはならない」と説かれている。

・**司馬温公《しばおんこう》**…司馬光（一〇一九〜一〇八六）の尊称。没後、「太師温国公《たいしおんこくこう》」を追贈《ついぞう》されたので尊称として温公と呼ばれた。字は君實《くんじつ》、謚《おくりな》は文正《ぶんせい》。宋代（北宋）の偉大な学者、政治家で侍講《じこう》諫院《かんいん》・翰林学士《かんりんがくし》などの要職を歴任。王安石《おうあんせき》の新法に反対する旧法党の指導者であった。特に『資治通鑑』の編纂が最大の業績とされる。

・**通鑑《つがん》**…『資治通鑑《しじつがん》』の略称。司馬光が、范祖禹《はんそう》などの学者を動員し、十九年の歳月を傾注した大事業によって完成した大著。内容は、為政者の心得ていなければならない「機《き》要《よう》」（大切な要諦《ようてい》）、つまり国家の盛衰にかかわり、人民の幸不幸につながる、則るべき善い事象と戒めとすべき悪い事象を専ら取り上げ、為政者が政治に携わる際の鑑《かがみ》（反省材料）を集めて記述されている。

紀元前四〇三年から紀元九五九年に至る一三六二年にわたる歴代各王朝を通して、年代順に記述する「編年体《へんねんたい》」（紀伝体《きでんたい》に対して）の「通史《つうし》」（断代史《だんだいし》に対して）という形式の歴史書であった。

・**人を取るの術**…人物を選抜して任用する方法。またその要点。
・**才を挟みて**…才をたのみとして。得意の才を用いて。
・**厳る所**…畏敬《いけい》して近づき難い所。敬して遠ざける所。
・**疎んじ易し**…疎遠《そえん》になりがちである。
・**才徳の分を審《つまびら》かにし**…才と徳との区別・相違を明確に知って。
・**先後する所**…本となる徳を先とし、末となる才を後にする優先順位。
・**人を失う**…人物の用い方を間違う。人を見そこなって任用に失敗する。

〔解　説〕

安岡教学は、端的にいえば、活きた人物学、実践的人間学である。そしてその要諦となるところは、「人を知る」ことに尽きる。またその機要《きよう》となるところは、「才・徳の分を審《つまび》らかにし、小人、君子の別を明らかにする」ことであった。

古来、国・家の衰亡をもたらした人物はみな、「才、余り有れども、徳、足らず」とされる人物であった史実に鑑み、司馬光が『資治通鑑』の劈頭《へきとう》に「論賛《ろんさん》」として要約したのが、右掲の「才・徳の弁、小人・君子の別」に立つ人物論であった。

若き日の安岡先生が、司馬光《しばこう》に心酔し『通鑑』を愛読した契機は、おそらくここに掲げた条《くだ》りにあったと思われる。安岡先生の人物論では、しばしばこの条りに言及されているからである。『光明蔵』に「才と徳」が取り上げられたゆえんである。

17——克己銘

呂子克己銘《ろしこっきのめい》に曰《い》う、凡《およ》そ厥《そ》の生《せい》有るもの、気を均《ひと》しうし、体を同じうす。胡為《なんす》れぞ仁ならざる。我れ則ち己《おのれ》を有すればなり。物我《ぶつが》既に立って、私に町畦《ていけい》を為す。勝心横発《しょうしんおうはつ》して、擾擾《じょうじょう》として斉《ひと》しからず。大人は誠を存し、心に帝の則《のり》を見る。初めより吝驕《りんきょう》の我が蟊《ぼう》賊《ぞく》を作《な》すこと無し。志は以て帥《すい》為《た》り、気は卒徒《そっと》為り。辞を天に奉ず、誰か敢《あえ》て予《われ》を侮《あなど》らん。且《かつ》戦い且徠《きた》し、私に勝ち、欲を塞《ふさ》ぐ。昔は冠《こう》讎《しゅう》為り。今は臣僕《しんぼく》たり。其の未だ克《か》たざるに方《あた》っては、吾が室廬《しつろ》を窘《くるし》む。婦姑勃磎《ふこぼっけい》せば、安《いずく》んぞ厥《そ》の余を取らん。亦既に之に克てば、皇皇《こうこう》として四達《したつ》す。洞然《どうぜん》たる八荒《はっこう》、皆我が闥《たつ》に在り。孰《たれ》か天下吾が仁に帰せずと曰う。癢痾疾痛《ようあしっつう》、挙げて吾が身に切なり。一日焉《これ》に至れば、吾が事に非ざる莫《な》し。顔何人《がんなんびと》ぞや。之を晞《ねが》えば則ち是《これ》なり。克己は仁なり。仁に非ずんば己《おのれ》に克《か》つ能わず。今世《こんせい》功利の徒、往々不仁邪望《やぼう》を逞《たくま》しうし、聖賢の道を仮《か》らずんば為す能わざるを以て、君子の態を学んで暫《しばら》く己に克たんとす。忽《たちま》ちにして乱せずんば、殆《ほとん》ど気死せざるもの稀《まれ》なり。学問の道亦難いかな。

〔出　典〕

呂与叔《りょよしゅく》（大臨《たいりん》）作の「克己銘《こっきのめい》」（『古文真宝後集』所収）。終わり四行は、安岡先生の感慨と教戒の文である。

〔大　意〕

呂与叔（大臨）の克己銘は、次のように述べている。

およそ、生きとし生けるものは皆、天地の万物生成の根源力（気）を均《ひと》しく分か

ち有し、天地造化と本体を同じくして、天地同根《てんちどうこん》、万物一体《ばんぶついったい》である。それなのにな
ぜ、天地万物一体の仁（生きとし生けるものどうしの同胞としての愛といつくし
み）が、為し得ないのであろうか。それはつまり、自我が我執《がしゅう》・私欲を有してい
るからである。他の物と自我とが対立してしまうと、両者の間に境界ができてしま
って、他に勝とうとする私欲の心があふれて、心はさわぎみだれて、一視同仁《いっしどうじん》の調
和と均衡とを失ってしまうのだ。

ところが、大徳ある人物は、誠の心を保持して、天の命ずる法則（天理・善性）
を自覚している。そこで初めから、むさぼりおごる私欲が、自分の善なる性を阻害
するようなことはない。（道と徳とを志向する）志は、万物生成の根源力（気）つ
まり生命力を統率する将帥《しょうすい》となり、気は、将帥に統率される兵卒となっている。
このように天命の教えを受けて、これに則ろうとする自分を、誰が侮《あなど》ろうとしよう
か。この正しい道を侮るものなどいないのだ。こうして、私欲と戦いながら天理の
本心を求めて、我執に勝ち私欲を塞《ふさ》ごうと努めていると、その結果、昔は、仇敵《きゅうてき》
のようであった我執・私欲は、今では、臣下従僕《じゅうぼく》のように従順になっている。ま

だ、それらを克服できない時には、まるで、家庭がうまくいかない時のように、心を苦しめていた。狭い家の中で嫁《よめ》と姑《しゅうとめ》とが相争うように、相争っていたのでは、他に取り柄があっても、取るに足らないものになってしまう。

すでに我執・私欲を克服できた時には、心は広く大きく四方に通達することができて、広々とした世界は、みな自分の心の門の中に包含することができる。こうなれば、天下の生きとし生けるものへの、自分の愛といつくしみの心（万物一体の仁）に帰服しないなどと、誰がいうであろうか。必ずや帰服しない者などいないのだ。

同胞である生きとし生けるものの痛みやかゆみなどの疾痛《しっつう》は、みなそのまま自分の疾痛として切実に感じられる。そのような一視同仁の境地に至れば、もはや自分の力でできないことはないのである。己に克って礼に復《かえ》ることを仁だと学んだ顔回《がんかい》のようになろうと望むならば、そうなりうるのである。

この克己銘が説くように、克己は仁であり、仁でなければ、己に克つことはできない。それなのに今の世の、仁義よりも功利を願う者は、とかくよくあることだが、不仁で野望を強く抱いていながら、聖賢・仁義の道を装わなければ、その野望が達成できないものだから、君子の生き方を装い、しばらくは、己に克つことを装ってみてはいるが、これでは、たちまち乱れてしまうか、さもなければ、気力が失せてしまう場合が多いのだ。こう見てくると、真の学問の道は、また何と困難なことであろうか。

○注　釈

・**克己銘**…克己《こっき》（己に克《か》つ）とは、自分の私欲に打ち克つことを、ひいては天与《てんよ》の性（天理）に立ち復《かえ》ることを意味している。この文章は、『論語』顔淵《がんえん》篇の「顔淵仁を問う。子曰く、己に克ち礼に復るを仁と為す。一日己に克ちて礼に復れば、天下仁に帰す」の語に基づいている。また、宋学の「天理・人欲」説に立脚して述べられている。文中に「将帥《しょうすい》」「卒徒《そつと》」「寇讎《こうしゅう》」「臣僕《しんぼく》」などの語を多用してあるのは、「克」「勝」の文字と関連して、戦争にたとえているからである。

・**呂子**…呂大臨《りょたいりん》（?～一〇七六）のこと。字は与叔、藍田《らんでん》先生と号す。宋の人。大鈞の弟で大忠の兄。程頤《ていい》（伊川《いせん》）に学んだ。謝良佐《しゃりょうさ》、游酢《ゆうさく》、楊時《ようじ》と共に程門《ていもん》の四先生と称せられる。博《ひろ》く群書《ぐんしょ》を極め、文章に巧みであった。大学博士、秘書省正字《ひしょしょうせいじ》などを歴任した。

・**凡そ厥の生有るもの**…生きとし生けるもの。およそ生命のある者はすべて。

・**気を均しうす**…気は生命力、生命現象の意で、万物が均《ひと》しく賦与《ふよ》されている。

・**体を同じうす**…万物一体。万物は、一つの本体から現象として現れているの意。

・**胡為れぞ**…どうして、なにゆえ。疑問・反語を表すことば。

・**町畦《ていけい》**…町は田地の区切り、畦はあぜ。分け隔《へだ》ての意。

・**勝心**…人に勝とうとする心。

・**横発**…むやみにおこること。

・**擾擾**…みだれるさま。ごたつきさわぐさま。紛紛《ふんぷん》。

・**大人**…成徳ある人物。賢聖、君子。

・**帝の則**…天帝《てんてい》の示す法則。道理、天理。

・**吝驕**…物惜しみと思い上がりの心。『論語』泰伯《たいはく》篇に「如し周公之才之美有りとも、驕《きょう》にして且《か》つ吝《りん》ならしめば、その余は観るに足らざるのみ」とあり、これをふまえての表現。

・**蟊賊**…苗の根を食う虫と苗の節を食う虫。『詩経』小雅では、良民を害する悪人に喩えている。

・**志は以て帥為り**…『孟子』公孫丑《こうそんちゅう》上に「夫れ志は気の帥なり」とあり、これをふまえた表現。

・**卒徒**…将帥にひきいられる兵卒。

・**辞を天に奉ず**…天の法則、天理に従うこと。天から命令を受けること。

・**且戦い且徠す**…戦いながら来る。私欲と戦いながら天理の本心がやってくる。

・**寇讎**…あだかたき。

・**臣僕**…服従する臣下や召し使い。

・**室盧**…家・住まいのこと。心を家宅に喩えた。

・**婦姑勃磎**…家の中で嫁と姑とが相争うこと。『荘子』外物篇に「室に空虚無ければ、則ち婦《ふ》姑《こ》勃磎《ぼっけい》す」とあるのをふまえた表現。

・**安んぞ厥の余を取らん**…前掲「吝驕《りんきょう》」の注釈に引用した『論語』の文章の末尾「その余は観るに足らざるのみ」をふまえた表現。狭い家の中で嫁と姑とが相争うようであるならば、そのほかに良いことがあったとしても、それは取るに足らない。「安んぞ」は反語表現。

・**皇皇**…広大なさま。

・**四達**…四方に通ずること。『荘子』知北遊篇《ちほくゆう》に「四達して皇皇たり」（四方に通達して広大であり、限定することができない）とある。

・**洞然**…さえぎるものがなく見透《みすか》されるさま。からりとして広々としたさま。

・**八荒**…八方の辺境の国。「八紘《はっこう》」に同じ。転じて全世界をいう。

・**闥**…門のうち。小門、ついじ。「皆我が闥に在り」とは、天下がすべて家の門のうちにあるように思うの意。八紘一宇と同じ思想。

・**癢痾疾痛、挙げて吾が身に切なり**…人の病《やまい》のかゆみやいたみを、みなわが身に切実に感ずるように、他人の苦痛に同情する。仁愛の情の喩えである。一視同仁の境地。

・**一日焉に至れば**…一旦この仁愛の境地に至ると。『論語』顔淵篇に「一日己に克ちて礼に復れば、天下仁に帰す」とあり、これをふまえた表現。

・**顔何人ぞや**…顔回は、亜聖《あせい》（聖人に次ぐ者）といわれ仁に至っていたといわれるが、いったい、何程の人であろうか。やはり自分と同じ人間ではないのか、の意。『孟子』滕《とう》文公《ぶんこう》上に「顔淵曰く、舜何人ぞや。為す有る者はまた是の如し」とあり、これをふまえた表現。

・**之を晞えば則ち是なり**…顔回のようになろうと願うならば、叶うのである。

・**功利の徒**…学問の目的として栄達や利得を考える人たち。功名と利欲を求める人たち。

・**邪望**…よこしまな野望。

・**仮る**…他の助けをかりる。仮借《かしゃく》の意。

・**態**…すがた。かたち。たいと読む。みせかけの様子の意味のときは、ていと読む。ここでは、後者か。

・**乱す**…まよう。惑乱《わくらん》する。

・**気死する**…憤死《ふんし》する。死ぬ程までに怒る。

〔解説〕

この銘は、まず、人も物も生あるものは皆、天地万物一体の考えに立ち、一気同体のものであるとする宋代の理気《りき》の哲学思想を前提に置き、次に、私欲が天理を蔽《おお》うときには、心が乱れるといい、一方、大人は誠を存して天理を知り、それに従って、志を以《もっ》て血気を統一し、私欲を去り天理に帰することを述べている。

そして本性（天理に従う）が私欲に克てば、これを従えることができるが、まだ克たない間は、心の中は狭苦《せまくる》しく、狭い家の中で嫁・姑がいさかうようなやりきれない気持ちとなってしまう。しかしひとたび私欲を克服すれば、心は広く、万物を一視同仁《いっしどうじん》に考えることができて仁の境地に達する。

そして、一旦そうなれば、すべて自分の力でできるのだから、顔淵の「舜何人ぞや」の言葉の通り、自分も聖賢の域に達することができるのだと述べている。すべて『論語』の「克己復礼《こっきふくれい》」の語に基づいて宋学《そうがく》の思想を展開した銘である。

18――大人歌

吾れ之を先覚《せんかく》に聞き、言わずして久しく紳《しん》に書せり。天地と万物と、渾然《こんぜん》惟《た》だ一人。陰陽は呼吸たり。四時《しじ》は是れ屈伸《くっしん》。分野は但だ虚名《きょめい》。全体均《ひと》しからざるなし。羲皇《ぎこう》未だ興らざる時、文質《ぶんしつ》已《すで》に彬々《ひんぴん》たり。中原《ちゅうげん》鹿を逐《お》う日、岳牧《がくぼく》猶《な》お同寅《いん》。周公《しゅうこう》嘗《かつ》て富まず。顔子胡《なん》為《す》れぞ貧ならん。大鵬《たいほう》即ち蜩鷽《ちょうかく》。朝菌《ちょうきん》亦大椿《だいちん》なり。君子大なる者を語れば、之を能く具陳《ぐちん》するなし。嗟《ああ》、氓《たみ》の蚩々《しし》たる、是れ其の身なるを知らず。其の身各自私し、眇然軽塵《びょうぜんけいじん》の如し。忿争《ふんそう》秋毫《しゅうごう》を析《ひら》き、礼譲《れいじょう》北辰《ほくしん》を望む。吾将《まさ》に之を若何《いかん》かせん。惟《た》だ強《つと》めて仁を為すに在り。仁を為す豈《あ》に他あらんや。明徳以て民に親しみ、親民以て徳を明らかにす。徳明らかなれば民乃《すなわ》ち親しむ。民親しめば徳益々明らかなり。歯の唇に於けるが猶《ごと》し。忘るる勿《なか》れ、助長《じょちょう》する勿れ。日に新《あらた》に又日に新に、其の克《よ》く終《おわり》有るに及んで、然る後是れ聖神《せいしん》。此れは是れ東里《とうり》先生の大人歌。吾曹《わがともがら》誦詠《しょうえい》しておのずから藩籬《はんり》を撤《てつ》し限隔《かく》を去り、宇宙《うちゅう》人物・欣合《きんごう》和暢《わちょう》、浩々悠々《こうこうゆうゆう》たるを覚ゆるなり。

〔出典〕

中根東里《なかねとうり》『東里遺稿』（門人須藤温編『東里先生文集』所収）。

〔大意〕

私は、以下の教えを先覚者から学び、心に銘《めい》じて口には出さず、日日忘れないように、紳《しん》（大帯の前垂れの部分）に書きとめた。

天地と万物とは、渾然《こんぜん》として一体で区別できないものであり、陰陽の動きは、その呼吸であって、四季の移ろいは、その屈伸の動きなのだ。あの分野説（天文と地理とが相呼応するという領域分類説）などは、ただの虚構《きょこう》に過ぎず、天地・万物すべて同じく均質でないものはないのである。

伝説上の三皇五帝の最初の伏羲《ふっき》が出現する以前から、文明と素朴《そぼく》とが相寄り相助け合って、均衡と調和を保っていた。世の中が、天下の覇権を争う日日も、五帝最後の堯《ぎょう》と舜《しゅん》の内政を司った四岳《しがく》も、また周辺の十二の諸侯も、みな謹んでそれぞれの公務を奉じていた。

周公旦《しゅうこうたん》は、兄の武王《ぶおう》、甥《おい》の成王《せいおう》を補佐して周王朝の確立に功があったのに、自分自身が富むことはなかった。道を求め仁に達しようとして学問に励んだ顔淵《がんえん》は、どうして貧しかったのであろうか。

（万物一体観に立てば）万里を飛翔《ひしょう》する大鵬《たいほう》も、すこししか飛べない蟬《せみ》や鳩《はと》も、大小の差はあっても同じであり、わずか一月の寿で短命なきのこも、伝説上長寿の代表とされる大椿《だいちん》も、長短の差はあっても、同じだといえる。

君子が（万物一体という）大なる道を説いても、つぶさに説明することはないので、何と愚かな人びとよ、己がその大なる身であることに気付かず、その己が身をそれぞれひとりぎめして、軽い塵《ちり》のように軽小なものと思いこんでいる。

世の人びとは、秋毫《しゅうごう》のような些細《ささい》なことで互いに怒り争っていて、互いに譲り合う礼節など遙《はる》か北極星のかなたにある状況である。こんな状況に処《しょ》して、私は、いったいどうしたらよいのか。為し得ることは唯一つ、仁を為すことに努めるのみだ。仁を為すとは、ほかでもない。(『大学』に説くように)天授《てんじゅ》の徳性を自ら磨きあげ、人びとにもそれを推し広めて、人びとに親しく接し、人びとの徳性を明らかにすることである。こうして徳性が明らかになれば、人びとも一層親しく接するようになるし、そうなれば人びとの徳性もますます明らかになってゆく。このように互いに親しんで一層徳性を磨き合うことは、ちょうど、歯と唇とが相互に不可欠の関係にあるようなものである。このことをいつも心に忘れず、しかし無理強いしない心がけが大切であり、着実にしかも日日に新たに、このような仁を為して、有《ゆう》終《しゅう》の美を完《まっと》うすることができた時に、はじめて聖人、神聖といえるのである。

これこそ、東里先生の大人歌にほかならない。われわれ一同、これを誦読《しょうどく》して、自然に万物との自他の垣根をとりはらい、宇宙と人と物とが、よろこび和合しあって、ひろびろと悠揚迫《よくようせま》らぬ境地を実感することができるのだ。

○注　釈

・**大人歌**…この大人歌は、中根東里が、陽明学の天地万物一体の仁の自得に到達して作った五言の作品で、それ以前に作った文章を、「浮華《ふか》の言」として「今悉《ことごと》くこれを棄て」大人歌のみを残したとされる。東里自信の傑作《けっさく》である。

・**東里先生**…中根東里（一六九四～一七六五）の尊称。江戸中期の儒者、東里は号。初め僧となり禅学を、次いで浄土の教義を学び、やがて荻生徂徠《おぎゅうそらい》の古文辞学《こぶんじがく》に転じ、還俗《げんぞく》して室鳩巣《むろきゅうそう》の朱子学に移り、生涯の集大成として陽明学に帰着した。その後は、動揺《どうよう》することなく陽明学者として所信を貫徹した。代表的著作に『学則』『東里外集』『東里遺稿』がある。

・**先覚**…人にさきだって道を悟った人。ここでは、王陽明を意識していることば。

・**紳に書す**…「書スレ紳ニ」。紳は、士の衣服の大帯の前に垂れている部分。ここに書きつけておくのは、日日心にとめて忘れないようにするため。『論語』衛霊公《えいれいこう》篇にある、子張《しちょう》が孔子の教えを紳《しん》に書した故事に依っている。

・**天地と万物と**…王陽明の『伝習録《でんしゅうろく》』に「それ人は天地の心にして、天地万物は本、わが一体の者なり。…良知の人心に在るは、聖愚をへだつる無く、天下古今の同じき所なり。世の君子、ただその良知を致すを務むれば、…人を視ること猶《なお》、己のごとく、国を視ること猶、家のごとくにして、天地万物を以て一体と為す」（「天地万物一体の仁」聶文蔚に答うる書）とある。

大人歌は、右掲の条《くだ》りを下敷きにして展開されている。

・**分野は但だ虚名**…領域範囲の分野説など虚構にすぎないとの意。分野説とは、戦国時代、天文家が中国の全土を天の二十八宿《しゅく》に配当して区別・区分した説をいう。

・**羲皇未だ興らざる時**…羲皇《ぎこう》は、三皇五帝《さんこうごてい》の最初の帝王の名。その聖徳は、日月の明に均しかったとされる。民に農漁・牧畜を教え、初めて八卦《はっか》（易の原点）を画し、書契《しょけい》（文字）を造ったといわれる。その羲皇出現以来の意。

・**文質已に彬々たり**…『論語』雍也《ようや》篇の「質、文に勝てば則ち野。文、質に勝てば則ち史。

文質彬彬《ひんぴん》として、然《しか》る後に君子なり」をふまえた表現。文とは文明、質とは素朴。両者の均衡と調和が重視されている。彬々とは、「相半ばする貌《かお》」「物の相雑わいて、あたかも均しき貌」の意とされる。

・**中原鹿を逐う日**…「中原逐フレ鹿ヲ」は、天下の権を握ろうと争うこと。争覇《そうは》の時代の意。

・**岳牧**…四岳と十二牧《じゅうにぼく》のこと。五帝の尭舜の時代、四岳は内政を司る四人の公卿をいい、十二牧は周辺の外政を治めた十二人の州牧侯伯《しゅうぼくこうはく》をいう。内外の政事の担当者の総称である。

・**同寅**《どういん》…臣下が謹んで公事に奉仕すること。寅は、つつしむの意。同寅は、同僚の意味に使われることもある。

・**周公**…周の文王の子で、武王の弟。名は旦。武王亡き後、武王の子の成王を輔佐して周王朝の制度・礼楽を定め、周王朝の基盤を確立した。孔子が理想として憧れた聖人である。

・**顔子**…孔子が徳行第一と評価した弟子、顔回（淵）の敬称。子を付すと敬称になる。『論語』雍也篇に「賢なるかな回や。一箪《たん》の食《し》、一瓢《ぴょう》の飲、陋巷《ろうこう》に在り。人は其の憂いに堪えず。回や其の楽しみを改めず。賢なるかな回や」とあり、それを下敷きにした表現である。

・**大鵬即ち蜩鷽**…万里を飛翔する大鵬と、これをあざ笑ってわずかしか飛べない蜩や鳩との大小を対比して説かれている『荘子』逍遙遊《しょうようゆう》篇の寓話を下敷きにした表現。最も対照的な両者を全く同一視した表現。

・**朝菌亦大椿なり**…たった一日の短い寿命で朝と晩とを知らない短命のきのこを朝菌《ちょうきん》といい、八千歳を以て春となし、八千歳を以て秋となしている長命の代表が、伝説上の大《だい》椿《ちん》であり、この両者の寿命の長短を対比した同前書の寓話を下敷きにしている。同じく最も対蹠的《たいしょてき》な両者を全く同一視した表現。

・**具陳**…つぶさにのべること。

・**氓の蚩々たる**…民のおろかなさま、『詩経』衛風《えいふう》の「氓蚩蚩」は「無知の貌」の意。

・**自私し**…自ら私する。

・**眇然**…小さいさま。

・**忿争**…いかりあらそう。

・**秋毫を析き**…秋毫は、極めて微細なこと。「析キ二秋毫ヲ一」とは、秋毫の微細を分析するように、こまかなことまで争い合うこと。こまかな事理を尽くす意にも用いられる表現。

ここでは、前者の意。

・**北辰**…北極星のこと。ここでは、礼譲の美徳が、北極星を望むほど遙か離れているとの意で用いられている。

・**明徳以て民に親しみ**…『大学』に「大学の道は、明徳を明らかにするに在り、民に親しむ（民を親しましむる）に在り…」とあり、これをふまえた表現。

明徳とは、天より得て各人にそなわる高貴な内面の徳。明徳を明らかにするとは、この内面の徳を磨き上げて一層輝かせてゆくこと。

民に親しむとは、「猶、孟子の、親を親しみ、民に仁す、の謂のごとし。之を親しむは即ち之を仁するなり」と王陽明は、徐愛《じょあい》の問いに答えている（『伝習録』）。

以下、これをふまえた表現が続く。

・**歯の唇に於けるが猶し**…「唇歯輔車《しんしほしゃ》」（『春秋左氏伝《しゅんじゅうさしでん》』に見える故事）による。互いに助け合って離れがたい関係にあるたとえ。

・**助長**…助けようとしてむりに外から力を加え、かえってそれを害すること。春秋時代の宋の農夫が、苗の成長を助けようと苗を引き抜き、かえって苗が枯れた故事を引用し『孟子』公孫丑《こうそんちゅう》上に「心に忘るること勿《なか》れ。助けて長ぜしむること勿れ」とあるのを下敷きにした表現。

・**日に新に**…『大学』に「湯《とう》の盤《ばん》の銘《めい》に曰《いわ》く、苟《まこと》に日に新たに、日日に新たに、又日に新たなりと」とあり、殷《いん》の湯王は、この文を洗面の器に彫りつけ、毎日の自戒の句としたという故事に依拠した表現。

・**克く終有る**…『詩経』大雅《たいが》に「初めあらざること靡《な》し。克《よ》く終りあること鮮《すくな》し」とあり、何事も、初めはともかくやっていくが、それを終わりまで全《まっと》うする者は少ないとの意。これをふまえた表現。

・**聖神**…聖人のこと。智徳すぐれて通じない所なく霊妙不可思議《れいみょうふかしぎ》なことにも用いる。

・**誦詠**…詩歌をそらんじて歌うこと。

・**藩籬**…まがき。竹を編んで宮室の屏蔽《へいよう》とするもの。

・**限隔**…限り隔てるもの（こと）。仕切り。

・**宇宙**…天地古今。天地四方上下と古往今来。宇は空間をいい、宙は時間をいう。転じて世界、又ありとあらゆる存在物の一切を包括する空間と時間。現在、使われている宇宙の語は、space（宇宙空間）の訳語であり、古来の語とは異なっている。

・**人物**…ここでは、人と物の意。

・**欣合和暢**…和合欣暢または欣暢和合の意。和合は、うちとけて睦《むつ》み合う、調和するの意。欣暢は、心ののびのびとよろこぶこと。よろこんで心がのびのびするの意。

・**浩々**…広大なさま。広びろとしているさま。

・**悠々**…ゆったりとしたさま。遙かなさま。

〈解　説〉

中根東里は、初め僧となり、黄檗宗《おうばくしゅう》の禅を学んだが、禅宗では、博《ひろ》く群書《ぐんしょ》を読むことを許さなかったのを機として江戸に移り、浄土宗を学び、あまねく経典《けいてん》を読んだ。やがて荻生徂徠に認められ古文辞学を学んだが、『孟子』を読んで儒教に転じ、還俗《げんぞく》した。この還俗の経緯《けいい》により徂徠との関係が悪くなり、更に徂徠学を否定するに到った。その後、室鳩巣《むろきゆうそう》に師事して朱子学に移ったが、『王陽明全書』を読むに及んで、陽明学に帰着し、以後一切動揺することなく所信を貫徹した。

このように幾多《いくた》の精神遍歴を経て陽明学に帰した東里は、その天地万物一体の仁の自得に到達して、この大人歌という五言の傑作《けっさく》を書いたのである。東里は、それ以前に作った詩文を「浮華の言」として、「今、悉くこれを棄て」、この大人歌のみを机上に残したといわれている。大人歌は、いわば自ら許す傑作であった。

安岡先生は、このような経緯をふまえて、「此は是れ東里先生の大人歌」と称賛して、若き日に自らも感動したこの傑作の誦詠《しょうえい》を若き学徒にすすめるべく、『光明蔵』に収めたのである。

19——千聖学脈

執斎《しっさい》先生曰《いわ》く、夫《そ》れ学は人欲《じんよく》を去るより大いなるはなし。士心《ししん》立って衆欲消《しゅうよくしょう》す。甚《はなは》しい哉《かな》、士心を立つるの人欲を去るに於《お》けること。豈以《あにもっ》て聖人の道とせざらむや。故に子曰く、士にして居を懐《おも》うは以て士と為すに足らずと。又曰く、士・道に志し、而《しこう》して悪衣悪食を恥ずる者は、未だ与《とも》に議するに足らざるなりと。又曰く、志士仁人は生を求めて以て仁を害することなし。身を殺して以て仁を成すありと。夫れ仁の人に於ける、顔子《がんし》仲弓《ちゅうきゅう》も能く当らざる所にして、志士却って独りこれに死することを得るものは、其の能く身を殺して仁を為すが為ならずや。是の故に苟《いやしく》も其の事に臨んでは、生を捨て義を取り、其の道を聞くことを得れば、夕《ゆうべ》に死するをも可《か》なりとす。故に利の為に勇《いさ》まず。害の為に怖《おそ》れず。万死《ばんし》に出入すれども一塵《いちじん》も動ぜず。わが徳を明らかにして、寂然《せきぜん》少欲偏倚《へんい》無し。これを天下の大本と云う。密室に肱《ひじ》を曲ぐれども一心常に活し、わが民を親しんで感通の妙毫《みょうごう》も乖戻《かいれい》せず。これを天下の達道と云う。夭《よう》寿《じゅ》を以て其の心を貳《じ》せずんば、命の己に在るもの立つことを得て妄《もう》動《どう》なし。これを至善《しぜん》に止《とど》まると云《い》う。是れ千聖の学脈なりと。

〔出　典〕

三輪執斎《みわしっさい》「士志論」（『執斎先生雑著』巻之二所収）。

〔大　意〕

執斎先生は説いて言う。そもそも学問にとっては、人欲、私欲を除去することが、何にもまして大切なことである。士心つまり志を立てれば、数多の人欲・私欲は、たちまち消滅してしまう。士心つまり志を立てることの人欲・私欲を除去する効用は、何と甚《はなは》だしいことであろう。どうしてこれを聖人への道（方途《ほうと》）としないでよかろうか。

それゆえに孔子は説いていう。士でありながら居（住まい、つまり生活）の安逸《あんいつ》ばかり考えている人間は、まだ士たる資格がない、と。またいう。道徳の道に志している士という人物でありながら、衣服や食事（つまり生活）のみすぼらしいのを恥じているようでは、まだまだ一緒に道を論ずる資格はない、と。更にいう、志士・仁人といわれる人物は、命を惜しんで仁の徳をそこなうようなことはない。それどころか、身を犠牲にしても、仁道を完遂する場合がある、と。そもそも、顔淵《がんえん》も仲弓《ちゆうきゆう》（冉雍《ぜんよう》）も、徳行で知られていたが、それでも、仁の完遂《かんすい》では、また充分とはいえないのに、志士だけが、仁をなすために死ぬことができるのは、身を犠牲にしても、仁道を完遂しようとするからではなかろうか。

このゆえに、いやしくも仁の大事に臨んだ場合は、道義のためには命を惜しまず、朝方に人としての正しい道を聞き得たならば、その日の夕方に死んでもよいと考えているのだ。だから士たる者は、私利のために勇まず、身の害を怖れず、万死の場面に臨んでも、少しも動じない。自分の天与の明徳を一層磨きあげて、全く無欲なので物事に惑わされず、心のかたよることもない。このような生き方を天下の大本というのだ。独りの部屋に肱《ひじ》を曲げて枕がわりに休息しているときにも、心の働きは、常に生き生きとして、天下の民に心が感じ合い通じ合うすぐれた働きが、少しも戻りそむくことがない。これを天下の達道というのだ。ただ天命に従って人欲・私欲がないので、寿命の長短にも心を惑わすことなく、自分の天命に安心立命して、全く迷妄《めいもう》することがない。これを最高の善にふみとどまるというのである。これこそ、数多の聖賢の教学の伝統にほかならない、と。

◯注　釈

・**千聖学脈**…数多の聖賢の承け継いできた教学の命脈の伝統。

・**執斎先生**…三輪執斎（一六六九〜一七四四）のこと。江戸前・中期の儒学者。名は希賢《きけん》、執斎は号。山崎闇斎《あんさい》の高弟佐藤直方《なおかた》から朱子学を学ぶ。後に陽明学に傾倒し、王陽明の致良知説《ちりようち》を奉じる。江戸に明倫堂《めいりんどう》を設立し、子弟を教育する。『標註伝習録《ひようちゆうでんしゆうろく》』を著し、日本の陽明学の普及に大きな功績を残した。和歌も巧みであった。陽明学に対する堅実な理解と平易な解説とは、その純篤至誠《じゆんとくしせい》な人柄とともに、高く評価されている。

・**人欲**…人間の欲望。宋学において天理と対比される概念として用いられる。例えば、「天理之公《てんりのこう》」に訂して「人欲之私《じんよくのし》」の如し。ここから、人欲・私欲の用法が派生した。

・**士にして居を**…『論語』憲問《けんもん》篇の語。

・**士・道に志し**…同里仁《りじん》篇の語。

・**志士仁人は**…同衛霊公《えいれいこう》篇の語。

・**顔子仲弓**…顔回（淵）と冉雍（仲雍）。孔門の四科十哲《しかじゆってつ》のうち徳行で称えられた顔淵と仲弓。「雍や南面せしむ可《べ》し」（冉雍は人君として南面させてよい人物だ）と孔子が、仲弓をほめている。

・**生を捨て義を取り**…『孟子』告子上に「生も亦《また》我が欲する所なり。義も亦我が欲する所なり。二者兼ぬることを得可《べ》からずんば、生を舍てて義を取る者なり」とあり、これをふまえた表現。

・**其の道を聞くことを**…『論語』里仁篇に「朝に道を聞かば、夕に死すとも可なり」とあり、これをふまえた表現。

・**万死に出入**…生きる見こみがない場面に臨んでも、又、非常に生命の危ない場面にあっても。

・**わが徳を明らかにして**…『大学』一章に「大学の道は明徳を明らかにするに在り、民を親しむに在り、至善に止まるに在り」とあり、君子の学問の三つの重点、いわゆる「三《さん》綱領《こうりょう》」が明示されている。これを下敷きにした表現。明徳を朱子は、「人の天に得る所にして、虚霊不昧《きょれいふまい》、もって衆理《しゅうり》を具《そな》え、而《しこう》して万事に応ずる者なり」と注釈している。その天与の明徳を磨いて輝かしいものとすることが「明徳を明らかにする」ことである。

・**寂然少欲偏倚無し**…私欲が消え我執《がしゅう》が収まった心の様相。無欲なので物事に迷わされず、心のかたよることも無い。

・**天下の大本**…『中庸』第一章のまとめとして「喜怒哀楽の未だ発せざる、之を中《ちゅう》と謂う。発して皆節に中《あた》る之を和と謂う。中は天下の大本なり。和は天下の達道なり。中和を致して天地位し、万物育す」とある。大本とは、天下の万事万物、悉《ことごと》く之をもって根本とするので大本という。次の「天下の達道」も、右掲の文に拠っている。天下悉く之に由るので達道という。

・**肱《ひじ》を曲ぐれども**…『論語』述而《じゅつじ》篇に「疏食《そし》を飯《くら》い水を飲み、肱を曲げて之を枕とす。楽も亦其の中に在り」とあり、これをふまえた表現。

・**一心常に活し**…道に達すれば、人欲が消えても枯寂《こじゃく》とならず、閑室《かんしつ》に独居《どっきょ》していても悄然《しょうぜん》としてしまわない。心はその本来の働きが活き活きとして明らかである。

・**わが民を親しんで**…『大学』右掲の三綱領の一つ「親民《しんみん》」をふまえた表現。

・**乖戻**…そむきもどる。たがう。

・**天下の達道**…右掲の「天下の大本」の注釈参照。世界中どこでも、また、いつの時代でも通用する道の意。

・**夭寿を以て**…『孟子』尽心《じんしん》上に「殀寿貳《ようじゅじ》せず、身を修めて以て之を俟《ま》つは、命を立つる所以《ゆえん》なり」(短命長命どちらであろうと、一すじにわが身の修養に務め、ひたすら天命をまつ、それが天命を全うするゆえんである)とあり、これをふまえた表現。

・**妄動**…あとさきを考えない無分別な行動。

・至善に止まる…右掲「天下の大本」注釈参照。最高善の境地に踏みとどまること。

〈解　説〉

若き日の安岡先生は、陽明学の流れを汲《く》む先達《せんだつ》を重んじた。『光明蔵』の中でも、「憤」と「千聖学派」の三輪執斎、「士規」の吉田松陰《しょういん》、「伯夷《はくい》」の西郷南洲《なんしゅう》、「大人歌」の中根東里、そして締め括《くく》りは、王陽明自身の「啾々吟《しゅうしゅうぎん》」と、多数とりあげている。

この千聖学脈においては、四書のことばを縦横に引用し、あるいは下敷きとして、千聖の学脈と結んでいる。陽明学に至る流れを総括しているものといえよう。

20――浩々歌

夫《そ》れ学道の者は気死《きし》すべからず。馬士《ばし》才詠《さいえい》じて曰《いわ》く、
浩浩《こうこう》として歌う、天地万物吾《われ》を如何《いかん》せん。之を用うれば帯を解いて大倉《たいそう》に食《は》み、用いられざれば枕を払うて山阿《さんあ》に帰る。君見ずや、渭川《いせん》の漁父一竿《いっかん》の竹、莘野《しんや》の耕叟《こうそう》数《すう》畝《ほ》の禾《か》。喜来《きらい》起って商家の霖《りん》と作《な》り、怒後便《すなわ》ち周王の戈《ほこ》を把《と》る。又見ずや、子陵《しりょう》足を横《よこた》えて帝腹に加うるを。帝敢《あえ》て動かず、豈《あに》敢て訶《か》せんや。皇天《こうてん》為に忙逼《ぼうひょく》し、星宿《せいしゅく》相《あい》撃摩《げきま》す。憐《あわれ》むべし相府《しょうふ》の痴《ち》なる。邀《むか》え請《こ》うて先ず経過せしめんとす。浩浩として歌う、天地万物吾を如何せん。屈原《くつげん》枉死《おうし》す汨《べき》羅《ら》の水、夷斉《いせい》空《むな》しく餓《う》う西山の坡《は》。丈夫《じょうふ》犖々《らくらく》羈《つな》ぐべからず、身有り何ぞ用いん自《みずか》ら滅磨《めつま》するを。吾れ聖賢の心を観ずるに、自ら楽む

のみ豈他有《たあ》らんや。蒼生《そうせい》もし命《めい》・窮《きゅう》し、吾が道蹉跎《さた》を成さんか、直に須《すべから》く為に天下の人を弔《ちょう》すべし。何ぞ必ずしも嫌恨《けんこん》して丘軻《きゅうか》を傷《いた》まん。浩浩として歌う、天地万物吾を如何せん。玉堂金馬《ぎょくどうきんば》何処《いずこ》にか在る、雲山石室高うして嵯峨《さが》たり。頭を垂れて耕さんと欲すれば地少しと雖《いえど》も、面《おもて》を仰いで長嘯《ちょうしょう》すれば天何ぞ多き。請う君、我に酔わしめよ一斗《いっと》の酒、紅光面《おもて》に入って春風和《なご》やかなり。

〔出　典〕

馬士才《ばしさい》（子才）「浩々歌《こうこうのうた》」（『古文真宝』前集巻之八「歌類」所収）。

〔大　意〕

そもそも学道を志す者は、正大の気（浩然《こうぜん》の気）が衰消《すいしょう》することがあってはならない。あの馬子才（士才とあるが正式名は子才）も「浩々歌」で次のように詠《うた》っている。

いま私は、広大な気持ちで、わが正大の気を詠う。天地も万物も、私のこの心志を左右することができようか（どうすることもできないのだ）。君主が自分を登用するならば、貧賤《ひんせん》の衣服を脱いで富貴の地位にもつき、志す道を施行し、用いなければ、いさぎよく立ちあがって故郷の山の端に帰って隠栖《いんせい》しよう。

君も知っているではないか。渭水《いすい》のほとりで釣りをする老漁夫呂尚《りよしよう》（後の太公《たいこう》望《ぼう》）の一本の竹の釣り竿を。そして有莘《ゆうしん》の野に耕す老農夫伊尹《いいん》のわずか数畝《すうほ》の収穫を。その伊尹が意を決して湯王《とうおう》の招請《しようせい》に応ずるや、殷《いん》（商家）王朝にとって干天《かんてん》の慈雨《じう》のように、国政を補佐する名宰相となり、また太公望呂尚がひとたび殷の暴政を怒ってからは、周の武王の軍師として殷の紂王《ちゆうおう》を討って天下を定めたのである。

また知っているではないか。厳子陵《げんしりよう》が、後漢帝国再興の英主光武帝《こうぶてい》と親しい学友として寝所を共にした折《おり》、帝の腹の上に足を乗せてしまった故事を。それでも光武帝は一向構わず、叱《しか》りつけるようなこともなかった。ところが（天人合一、この人事が天文現象に感応したので）天の方が驚き、星座が相撃ち、帝座星の場所を客星が犯したと報告されたのであった。ところが、大臣の侯覇《こうは》は、あわれにもおろかで厳子陵のこれほどの偉大さを知る由《よし》もなく、迎えるのに厳子陵の方から出向いてくるように請うしまつであった。

広大な気持ちで、わが正大の気を歌う。天地も万物も、私の心志をどうこうすることはできないのだ。楚《そ》の名臣屈原《くつげん》は、無実の罪で追放され、空しく汨羅《べきら》の水に身を投じて死に、清廉《せいれん》で知られた伯夷《はくい》・叔斉《しゆくせい》は、節を守って周に仕えず、むざむざと西山《せいざん》の山路に餓死してしまった。立派な人物は、超然としていてその心志を束縛することなどできるものではない。自分の保身のために、みずから摩滅《まめつ》するようなことをするはずはない。私が聖賢の心志を観察してみると、自分自身の道を行うことを楽しみ満足しており、それ以外の何物も望みはしない。もし人民の命運が困《こん》窮《きゆう》してしまい、自分が志した道が挫折《ざせつ》してしまったならば、直ちに天下の人民の不幸をあわれみなぐさめねばならぬとするが、（だからといって）この道を説いた孔子や孟子をそしることなどするはずはない。

広大な気持ちで、わが正大の気を歌う。天地も万物も、私の心志をどうこうすることはできないのだ。玉堂《ぎょくどう》といわれる翰林院《かんりんいん》や天子の詔《みことのり》を待つ金馬門《きんばもん》の役所など、その在り処も知らず、まして出仕する気もありはしない。といっても雲湧く山や石窟《せっ くつ》は、脱俗《だつぞく》の仙境《せんきょう》ではあるが、高くけわしく行くべくもない。そこで頭を垂れて野を耕そうと思うと、その土地はたとえ狭少《きょうしょう》であっても、面をあげて長くうそぶけば、天は何と多大で果てしないことであろう。浩然の元気を昂揚《こうよう》しよう。君よ、私を一斗《いっと》の酒に酔わせてくれ。さすれば私の顔面は、酔いのくれないの色が明るくさして、温かい春風と和合するだろう。

○注　釈

・**馬士才**…馬存のこと。字は子才（士才とあるが、子才が正しい）、宋代の元祐《げんゆう》の進士。官僚としては越州監察推官《えつしゅうかんさつすいかん》にとどまるが、その文筆は雄直、時流に染まらず、孤高を堅持、この「浩々歌」は、特に世に喧伝《せんでん》されている。その中で、大丈夫《だいじょうふ》たる者は、天地間に充満している至大至剛の元気、つまり孟子の説く「浩然の気」に充ち、世俗の貴《き》賤得失《せんとくしっ》に超然として正大の気をもってこの歌を朗唱《ろうしょう》することを求めている。

・**浩浩として**…広く大きな心で。広大なさま。

・**天地万物吾を如何せん**…天地万物も、私をどうこうすることができようか。いや、どうにもできないのだ。反語。

・**之を用うれば帯を解いて大倉に食み**…君主が登用すれば、卑賤《ひせん》の衣服を脱いで高貴な禄《ろく》を受けて政道を行う。

・**用いられざれば**…君主が登用しなければ、枕を振り払うように未練なく、故郷の山の端に隠栖《いんせい》する。ここでは、「帯を解く」と「枕を払う」、「大倉に食む」と「山河に帰る」のように、以下、巧みな対句《ついく》を以て詠われている。

・**渭川の漁夫**…呂尚が渭水の北岸で釣りをしていて周の文王に見出され、以後、太公望と呼ばれ、師として迎えられて、その子武王の軍師として殷の紂王を討滅し周王朝を成就した故事を詠っている。

・**莘野の耕叟**…伊尹は、有莘（有は美称の接頭語）の野に耕して、尭舜《ぎょうしゅん》の道を楽しんでいたが、殷の湯王の三度にわたる招請を受けて一転、湯王を補佐して殷王朝を成就させた故事を詠っている。

・**喜来起って商家の霖**…右のように伊尹は喜んで来て殷の日照りを救う長雨のように湯王の政治を輔《たす》ける宰相となった。

・**怒後便ち周王の戈を**…太公望呂尚が殷の暴政を怒って、周の武王の軍師として遂に殷の紂王を滅ぼし、功により斉に封じられた故事をふまえている。

・**子陵足を横えて帝腹に**…厳子陵は、若き日に、後に漢帝国を再興した光武帝と親しい学友であり、その人物を高く評価されていた。そのため後漢統一後、帝から招請されたが、その折《おり》、親しい老朋友として帝と寝所を共にし、帝の腹の上に足を乗せてしまったという故事。

・**帝敢て動かず**…親しい老朋友の行為に少しも驚かず、問題にもしなかった。

・**皇天為に忙遑し**…天帝の方が、このできごとにあわてて、星座が互いに触れ合って、客星が帝座星の星座を犯したと受けとめた。

・**憐むべし相府の痴**…あわれにも大臣の侯覇のおろかなこと、厳子陵を迎えるのに、そちらから出向くようにと要請してしまう始末、厳子陵にたしなめられたと上奏《じょうそう》すると、光武帝は、厳子陵は昔のままだと笑ったという故事。君臣・朋友の交わりを称えて詠っている。

・**屈原枉死す**…楚の名臣屈原は、むなしく汨羅の水に身を投じて死んだ。「枉死」はなげうたなくてもよい命をむざむざと捨てるの意。屈原は、「離騒《りそう》」「楚辞の賦」などを残した天才詩人でもあった。

・**夷斉空しく餓う**…清廉で己の義をつらぬいた伯夷と叔斉は、周の粟を食まず首陽山《しゅようざん》に隠遁し、蕨《わらび》を採って食うも餓えて死んだ。前掲「伯夷」の項、注釈「付記」（一三七〜一三九頁）参照。

・**丈夫犖々羈ぐ**…立派な人物は、はるかにすぐれていて拘束することはできない。犖々《らくらく》は、はるかにすぐれている、超絶しているの意。

・**身有り何ぞ用いん**…わが身を保つのに、何をもって自分を滅ぼし磨りへらすことをしようか、いやしない。反語表現。

・**蒼生もし命・窮し**…天下の人民が天から受けた運命がゆきづまる。

・**蹉跎を成さんか**…足がつまずく、失敗の形勢ができあがる。

・**直に須く為に**…ただちに、天下の人をとむらい慰めなければならぬ。

・**嫌恨**…にくみうらむ。ここでは、世に道が行われず、人民がくるしむことをにくみうらむの意。

・**丘軻を傷む**…孔丘（孔子）や孟軻（孟子）をそしり非難する。

・**玉堂金馬**…宮中の官署。唐・宋時代の翰林院は、漢代には玉堂と呼ばれた。金馬門は宦《かん》官《がん》の詔を待つ処。天子に近侍《きんじ》する高官のつめる場所。

・**何処にか在る**…どこにあるのか、自分とは何の関係もないの意。

・**雲山石室**…雲湧き出ずる高山、その山の石のむろ。俗を脱し仙道を求めて隠栖する場所。

・**嵯峨**…高くけわしいさま。

・**面を仰いで**…顔をあおむけて空を見る。

・**長嘯**…長く声を引いてうそぶく。

・**紅光面に入って**…酔いが顔に出て紅《あか》く輝く。

〔解説〕

『古文真宝《こぶんしんぽう》』は、『文選《もんぜん》』『文章軌範《ぶんしょうきはん》』などと並んで、古来、漢詩文を学ぼうとする者の必読の書であった。若き日の安岡先生もまた、愛読するところであった。

その『古文真宝』の中から、呂大臨《りよたいりん》の「克己銘《こつきのめい》」とこの馬子才の「浩々歌《こうこうのうた》」の二篇が選ばれて『光明蔵』にとりあげられている。

「浩々歌」の主意は、「大丈夫世に生まれては、まさに天地万物と同一体にして、纎毫《せんごう》（わずか）も胸中に凝滞《ぎようたい》することなかるべし。用うれば則ち金馬玉堂、用いざれば竹籬茅屋《ちくりぼうおく》、稍《やや》（少しく）心に物入るれば則ち浩然の気にあらず、終篇、歌詠しておもえらく、富貴栄華は妙音《みようおん》の耳を過ぐるが如し、と。名を貪《むさぼ》り利を徇《いとな》む者をしてこれを聞かしめば、またもって少しく警《いまし》むべし」としている。

「浩々」とは、広々として大きな気持ちである。世間の小さな名利を忘れて、宇宙に満ちる生命力、すなわち孟子の「浩然の気」を身に体《たい》して、広大な心で歌うという文意で「浩々歌」と題したものである。

生涯「処士道《しよしどう》」に徹して貫かれた安岡先生の生き方を象徴する名篇として、この「浩々歌」が特に選ばれて『光明蔵』にとり入れられ、若き学徒の気概《きがい》を鼓舞《こぶ》するよすがとされたのであった。

『古文真宝』二十巻は、宋の黄堅《こうけん》の編と伝えられ、戦国時代から宋代に至る詩文を収録している。「前集」十巻は、主として詩を、「後集」十巻は、主として文を集めている。

前集の初めには「勧学文《かんがくぶん》」を、後集の終わりには諸葛孔明《しょかつこうめい》の「出師《すいし》の表《ひょう》」を置いており、学ぶ者に、先ず学問に励むべきを教え、その学問に基づいて忠孝の大義に生くべきを説く編者の意図がこめられているとされる。

因《ちな》みに、「恩賜《おんし》文庫」所蔵の『古文真宝』は、蔵書中でも特にいたみが著しく、日本農士学校の学徒に盛んに読まれた跡を残している。安岡教学において『古文真宝』が最重視された証《あか》しとして興味深いところである。

21——啾々吟

吾曹人世《わがともがらじんせい》に在る、最も拘牽《こうけん》を忌《い》む。拘牽せらるれば善亦《また》我れを害す。須《すべから》く性に任せて逍遥《しょうよう》し、縁に随《したが》って放曠《ほうこう》し、只凡心《ただぼんしん》を尽すべし。陽明《ようめい》先生啾々《しゅうしゅう》吟《ぎん》に曰《いわ》く、

知者は惑《まど》わず仁者は憂えず　君何ぞ戚々《せきせき》として雙眉《そうび》愁《うれ》うる
歩に信《まか》せて行来《こうらい》すれば皆坦《たん》道　天に憑《よ》りて判下《はんか》す、人謀《じんぼう》にあらず
之を用うれば則ち行き、舎《お》けば則ち休す　此の身浩蕩虚舟《こうとうきょしゅう》浮ぶ
丈夫落々天地を掀《あ》ぐ　豈顧《あにかえり》みて束縛窮囚《そくばくきゅうしゅう》の如くならんや
千金の珠《たま》・鳥雀《ちょうじゃく》を弾《だん》じ　土を掘《ほ》るに何ぞ屬鏤《しょくる》を用うるを煩《わずら》わさん
君見ずや、東家の老翁虎患《こかん》を防ぐを　虎夜室に入って其の頭《こうべ》を銜《ふく》

む

西家の児童《じどう》虎を識《し》らず　竿《さお》を執《と》って虎を駆《か》ること牛を駆るが如し
痴人《ちじん》・噎《いっ》に懲《こ》りて遂《つい》に食を廃し　患者溺《でき》を畏《おそ》れて先ず自ら投ず
人生、命《めい》に達すれば自《おのずか》ら灑落《しゃらく》　憂讒避毀《ゆうざんひき》徒《いたずら》に啾々《しゅうしゅう》

〔出典〕

『王文成公全書』の詩集。この全書は、王陽明《おうようめい》の没後四十四年の一五七二年に謝廷《しゃてい》傑《けっ》が刊行した王陽明全集である。

〔大意〕

われわれが、人としてこの世にあって最も忌避《きひ》したいのは、拘束《こうそく》され束縛されることだ。そうなっては、善いことでさえ己を害することになる。だからわれわれは、すべからく自分の本性たる良心に従って、とらわれずゆったりと生き、出会いの縁

を大切にして、のびのびとこだわらぬことであり、ただ己の常の心を遺憾《いかん》なく発揮することに専念せねばならぬ。

王陽明先生も、「啾々吟《しゅうしゅうぎん》」で詠っている。知者は惑わず、仁者は憂えない。それなのに君は、どうしてくよくよと眉をしかめているのか。歩みにまかせて行けば、みな平坦な道だ。大きな目でみれば、天がちゃんと判断してくれる。人の謀でどうなるものでもない。用いられれば働き、用いられなければ休むだけだ。この身は、広い海原に浮かぶ無人の舟のようなものだ。丈夫たる者は、気宇《きう》大きく天地と共に生きるべきである。あれこれと物事に束縛されて、まるで牢屋《ろうや》にぶちこまれて、手も足も出ぬ囚人《しゅうじん》のようになって暮らす、そんな暮らしは丈夫たる者のなすべきことではない。あたら人間、丈夫と生まれながら、千金の珠《たま》で鳥雀《ちょうじゃく》を撃つようなことをすべきではない。土を掘るのに屬鏤《しょくる》の名剣を用いる馬鹿はいまい（どうも人間は、つまらぬことにこだわって、何て馬鹿なことをやってやきもきしているのか）。

ご覧なさい。東家の老翁が虎を防ごうとしていたら、虎が入ってきてその頭をくわえていったのに、西家の子供は、虎など知らなかったから、牛を追うように竿《さお》で虎を追っ払ってしまった（全く無心の致すところである）。

馬鹿者がいて、一度むせてのどがつまったのに懲《こ》りて、飯を食うことをやめてしまった。愚か者がいて、溺《おぼ》れることを恐れて自分から水に投じてしまう（これらは、愚か者がよくやってしまうことだ）。

人生、天命を達観すれば、おのずからさっぱりとしておおらか、讒言《ざんげん》を憂い毀《そ》りを避けようと啾々と愁《うれ》えているのは、馬鹿らしいことだ（天命を俟《ま》って虚心坦懐《きょしんたんかい》、無心に自在にやっていけばよいのだ）。

◯注　釈

・**啾々吟**…王陽明が四十九歳の時、達観した無心の境地を詠じて弟子に示した詩。宸濠《しんごう》の乱鎮定《らんちんてい》の功を嫉視《しっし》され、中傷を受けた陽明の身辺を危ぶんだ弟子たちに示して、その憂いを解いた傑作《けっさく》として知られている。啾々は、寂《さび》しげに鳴く声の形容。
・**拘牽**…ひきとめられること。拘束、束縛。
・**性に任せて逍遥し**…唐代の天皇道悟の詩偈《しいげ》をふまえての表現。

任性逍遥　性に任せて逍遥《しょうよう》し
随縁放曠　縁に随って放曠《ほうこう》す
但盡凡心　ただ凡心《ぼんしん》を盡《つ》くすのみ
無別勝解　別の勝（聖）解《げ》なし
逍遥は、自適《じてき》して楽しむこと。放曠は、のんびりとこだわらぬことの意。

・**知者は惑わず**…「知者は惑わず、仁者は憂えず、勇者は懼《おそ》れず」（『論語』子罕《しかん》篇）をふまえた表現。

・**戚々**…うれいおそれるさま。うれいかなしむさま。

・**之を用うれば**…「子、顔淵に謂いて曰く、之を用うれば則ち行い、之を舍けば則ち蔵《かく》る。唯《ただ》、我と爾《なんじ》と是れ有るかなと」（『論語』述而篇《じゅつじ》）をふまえた表現。

・**浩蕩**…水の広々としているさま。

・**虚舟**…無人の舟。心にわだかまりのないことを喩《たと》えた表現。

・**落々**…気持ちが大きいさま。また独立のさま。

・**掀ぐ**…掲げる、あげるの意。

・**千金の珠**…以下の二句は、無用の手段を用いるたとえ。
・**屬鏤**…『春秋左氏伝《しゅんじゅうさしでん》』、『史記』伍子胥《ごししょ》列伝に見える名剣の名。呉王は、これを伍子胥に賜《たま》い自殺を命じた。呉越の戦で、呉王夫差《ふさ》は越《えつ》の間者《かんじゃ》に迷わされて、忠臣呉子胥にこの剣を与えて自刃《じじん》させてしまい、越に亡ぼされる。
・**噎に懲りて**…むせんだこと（食物がのどにつかえたこと）に懲《こ》りて食事をやめてしまう。小さな障碍《しょうがい》のために肝要なことをやめるたとえ（『淮南子《えなんじ》』説林《ぜいりん》に見える故事）。
・**灑落**…さっぱりしたさま。
・**憂讒避毀**…讒毀《ざんぎ》（ひとにかげで悪口を言われ傷つけられること）を憂避《ゆうひ》（心配して避けること）を、二つに分けて表現したもの。讒を憂い（かげでそしられることを心配し）、毀を避ける（悪口を言われまいとする）こと。

〔解　説〕

陽明学を重んじた安岡教学においては、「啾々吟」もまた、王陽明の達観した無心の境地を詠《うた》いあげた傑作《けっさく》として重んじられてきた。

若き日の出世作『王陽明研究』においては、啾々吟を紹介した後に、「ここにいたって人間のいかなる迫害も憂患《ゆうかん》も、もはやどうすることもできない自由な人格が躍動している。この悟境《ごきょう》にいたれる消息《しょうそく》こそ、我々の参究《さんきゅう》すべき問題ではあるまいか」と強調している。

更に、老成円熟期の講演においても、啾々吟を称えて「陽明の身体から迸《ほとばし》り出たもので、尋常一様の詩人などの作品ではありませぬ。……陽明を嫉視《しっし》する毀誉褒貶《きよほうへん》の中で、彼の信念・哲学・人物が大きな飛躍をすることになる。彼の心境一段の徹底・明朗を加えた。その時出来たのがこの啾々吟であります。……これは血の出る様な一生の深刻な体験から出た文芸であります」と、言葉をきわめて述べている。

この二例で明白のように、啾々吟は、王陽明を代表する傑作として、『光明蔵』に収録されているのである。

22――四時読書楽

学道《がくどう》の人は宜《よろ》しく襟懐《きんかい》を養うべし。古詩に云う、

春　山光檻《おばしま》を照して、水・廊《ろう》を繞《めぐ》る。舞雩帰詠《ぶうきえい》・春風香《しゅんぷうかんば》し。好鳥枝頭・亦《また》朋友。落花水面・皆文章。蹉跎《さた》韶光《しょうこう》をして老いしむる莫《な》かれ。人生唯有り、読書の好《このみ》。読書の楽《たのしみ》、楽如何《いかん》。緑・窓前《そうぜん》に満ちて草除かず。

夏　新竹簷《のき》を圧して、桑四《よ》もに囲《かこ》む。小斎幽敞《しょうさいゆうしょう》朱曦《しゅぎ》明らかなり。昼長く吟罷《や》んで、蟬樹に鳴き、夜深く燼《じん》落ちて、蛍幃《とばり》に入る。北窓高臥《こうが》す、羲皇《ぎこう》の侶《とも》。只《ただ》読書の趣《おもむき》を素稔《そじん》するに因る。読書の楽、楽窮まりなし。琴を援《と》りて一奏《そう》すれば薫風《くんぷう》来る。

秋　昨夜庭前・葉に声有り。籬落《りらく》花開いて蟋蟀《しつしゅっ》鳴く。覚えずし

て商意《しょうい》・林薄《りんはく》に満ち、蕭然《しょうぜん》万籟《ばんらい》虚清《きょせい》を涵《ひた》す。近《きん》牀《しょう》頼《さいわい》に短檠《たんけい》の在る有り。此れを趁《お》うて読書すれば功更に倍す。読書の楽、楽陶々《ようよう》。起ちて明月を弄《ろう》すれば霜天《そうてん》高し。

冬

木落ち、水尽き、千崖《せんがい》枯る。迥然《けいぜん》吾れ亦《また》真吾《しんご》を見る。坐して韋編《いへん》に対すれば燈・壁に動き、高歌夜半《こうややはん》、雪・爐《ろ》を圧す。地《ち》爐《ろ》泉《いずみ》を烹《に》るに活火を燃《も》やし、一清《いっせい》称《かな》うに足る読書者に。読書の楽何処《いずこ》にか尋ねん。数点の梅花《ばいか》・天地の心。

〔出典〕

『五種遺規《ごしゅいき》』または『宋詞紀事《そうしきじ》』。

この詩は、世に朱熹《しゅき》の作というが、『朱子文集』に見えず、或《ある》いは他人の作かとも考えられると『五種遺規』の「朱熹、四時読書楽詩」に述べられており、安岡先生は、『宋詞紀事』の記述から、翁森《おうりん》（一瓢《いっぴょう》）の作ではないかとしている。

〔大　意〕

道を学ぶ者は、心情（こころ）を豊かに涵養《かんよう》しておかなければならない。古い詩にも、次のように詠われている。

【春】山の光は欄干《おばしま》を照らし、水は回廊《かいろう》をめぐっている。舞雩《ぶう》（雨乞いの祭りの舞いをまう高台）の丘を散策して詩を詠いながら歩めば、春風がかんばしい。美しい鳥が木にとまっているのも、わが友だ。水面の花びらは美しい模様をえがいている。失意の愁《うれ》いがあっても、この美しい春の風光を空しく見過ごしてはなるまい。人生には、何があっても書を読む楽しみだけはある。その読書の楽しみとは何だろう。窓の外に草が青々と茂っても、そのままにしておく程の楽しみなのだ。

【夏】若竹の明るい緑が、ひさしを覆うばかりに伸び、桑の柔らかい新緑が家を囲んでいる。そのため部屋の中はほの暗いが、外には夏の太陽が輝いている。日が長く、のんびりと詩を吟じ終えれば、蟬《せみ》しぐれが、また聞こえてくる。夜も更けて灯を消すと、蛍が、とばりをめぐらした室内に入ってくる。（かの陶淵明《とうえんめい》のように）

北窓の下に世俗のわずらいを避けて暮らせば、清風の中、まるで太古の民のように安逸《あんいつ》に世を送る仲間のようだ。これも、読書の趣《おもむき》を深く知り尽くしていればこそ。まさに読書の楽しみは、きわまるところがない。琴《こと》を手にして一曲奏《かな》でれば、薫風《くんぷう》が颯《さつ》と吹いてくる。

【秋】昨夜ふと気付くと、庭の草むらに虫がすだいている。かきねに花が咲き、こおろぎが鳴いている。気付かぬうちにいつの間にか秋の気配が、林や草むらに満ちて、ものさみしく万物の物音が澄みきった大空に響き渡る。机の近くに低い燭台《しょくだい》があるのをさいわい、この灯火に親しんで書を読めば、一層、趣が深まる。読書の楽しみは、（秋の風情と）相和《あいわ》して楽しい。立ちあがって明月を眺め楽しめば、秋《しゅう》霜《そう》の夜空がどこまでも高い。

【冬】木の葉はみな落ち、流れも渇《か》れ果て、山やまはみな、冬ざれの姿の中に、はるかにも、真のわが姿を現している。机牀《きしょう》に坐して古典をひもとけば、灯火の影が壁にゆれ、詩を吟ずる朗々たる声が夜半に聞こえて、雪が爐《ろ》に重く降りつもる。（その中で）いろりに赤々と火を燃やして湯をわかす。この浄福《じょうふく》の一時こそ、読書人にふさわしいのだ。この読書の楽しみを、いまどこに求めたらよいのか。それは、寒中にちらほらと咲き始めた梅の花に。それは、万物のいのちを育む天地の心、造化の営みの現れにほかならぬからだ。

○注　釈

・**襟懐**…心中の考え。むねのうち。心の思い。
・**檻**《おばしま》…欄干《らんかん》。手すり。
・**舞雩帰詠**…『論語』先進《せんしん》篇の中で、孔子が称賛した曽皙の言葉を下敷きにした表現。曰《いわ》く「莫春《ぼしゅん》には、春服既に成り、冠者五六人、童子六七人、沂《き》に浴し、舞雩に風し、詠じて帰らん」（晩春、春の合服を着て、若者達を連れて、郊外に散策《ピクニック》に出かけ、南郊の沂という川で水浴し、近くの舞雩―雨乞いの祭りの舞いをする丘―に登って風に涼んでから、詩を詠じながら帰ってくる。そうした生き方が望ましいと思います）と。
・**文章**…模様。いろどり、みばえ。
・**蹉跎**…つまずく。時機を失う。志を得ない。

・**韶光**…春ののどかな景色。また春先の意。

・**緑・窓前に満ちて**…春、万緑の茂る時、天地造化《ぞうか》の現れとして自然のままに楽しみ、庭前の除草もさせようとしなかった古人の故事をふまえた表現。

・**簷を圧して**…新竹が、家のひさし（のき）を圧するように伸びて。

・**小斎**…小さな部屋。勝手の間。

・**幽敞**…ほの暗さと明るさと。ここでは、敞《しょう》が幽《ゆう》の意を強める役割を果たしている。明暗、多少などの用法と同じ。

・**朱曦**…太陽、また夏の太陽の意。

・**燼落ちて**…燃え残りを始末して。灯火を消して等の意。

・**幃**…帷《とばり》に同じ。薄絹《うすぎぬ》を張った部屋。または蚊帳《かや》。

・**北窓高臥す、羲皇の侶**…北窓は、北牖《きたまど》。北牖は、寝室にある。

『晋書』陶潜伝に、「夏月虚閑、高臥北牖之下、清風颯至、自謂、羲皇上人」とある。

この陶淵明の詩句をふまえた表現。高臥《こうが》は、安らかに眠る。または、その心を高尚にして、世俗のわずらわしさを避けて暮らすこと。あるいは、世事を忘れて安逸に世を送るの意。羲皇之侶とは、この詩句の羲皇上人（伏羲《ふつぎ》）以前の太古の人民の意。

・**素稔**…平素からよく知っていること。稔は、みのることより転じて、物事によく習熟していることの意。

・**籬落**…まがき。垣根《かきね》。

・**蟋蟀**…こおろぎ。きりぎりす。いとど。

・**覚えずして**…気が付かないうちに。いつのまにか。

・**商意**…秋気。秋の気配。商は五行において秋に当たる。

・**林薄**…草木の叢生したところ。林や草むら。

・**蕭然**…ものさみしいさま。

・**万籟**…万物の響き。すべての物音。

・**虚清**…澄み渡った大空。

・**涵す**…うるおいひたす。

・**近牀**…牀（寝台または腰掛け）の近くに。

・**短檠**…脚部の短い燭台。低いあかり。

・**趁う**…おう。したがう。乗ずる。利用する。

・**陶々**《ようよう》…和らぎ楽しむさま。相随行するさま。陽気の盛んなさま。以上の意味で用いる場合は、「とうとう」とは読まず、「ようよう」と読む。特に注意が必要。

・**明月を弄す**…明月を眺めて楽しむ。美しい月をほしいままに楽しむ。

・**霜天**…霜置く夜の空。秋・冬の暁の空。

・**千崖**…もろもろのがけ（高く切り立った所）連なるけわしい山やま。

・**迥然**…はるかなさま。

・**真吾**…飾らない天真のわれ。真のわが姿。

・**韋編**…竹簡をなめし皮で綴った古い書籍。書籍一般を指す場合もある。

・**高歌**…高らかに歌う。朗々と詩を吟ずる。

・**雪・廬を圧す**…雪が粗末ないおり（小さな家）を押しつぶさんばかりに積もっている。

・**地爐**…室の床下や地中に通した暖爐《だんろ》。ここでは、いろりほどの意。

・**一清称**《かな》**うに足る**…一清は、ここでは、十分の清味の意。この浄福《じょうふく》（きよらかなよろこび）にふさわしいの意。

・**数点の梅花**…ちらほら開き始めた寒梅《かんばい》の花。わずかばかりの梅の花。
・**天地の心**…天地の公平な心。天地の万物を生成化育する営み、造化の意志《こころ》を指す。

〔解　説〕

四時読書楽は、春夏秋冬の読書の楽しみを叙《じょ》した漢詩の傑作《けっさく》として知られており、「四時、読書の楽しみ」と読み慣らわしている。

安岡先生は、『東洋倫理概論』（昭和四年初刊）の「独の生活」中「読書尚友」の項の締め括《くく》りとして、この詩をとりあげ、若き学徒にこれを愛唱するよう奨め、『光明蔵』に収録した。筆者も、安岡門下の高弟、柳橋由雄《やなぎばしよしお》元（財）郷学研修所所長（故人）の名講義を録音を通して聴き、感銘を深くした忘れ難い想い出がある。漢詩の愛好者のために、原文を記しておく。

四時讀書樂《ノミ》

【春】山光照レ檻水繞レ廊　舞雩歸詠春花香
好鳥枝頭亦朋友　落花水面皆文章

蹉跎莫レ遺二韶光老一　人生惟有二讀書好一
讀書之樂樂何如　緑滿二窓前一草不レ除

【夏】

新竹壓レ簷桑四圍　小齋幽敞明二朱曦一
晝長吟罷蟬鳴レ樹　夜深燈落螢入レ幃
北窓高臥羲皇侶　只因三稔二讀書之趣一
讀書之樂樂無レ窮　援レ琴一奏來二薰風一

【秋】

昨夜庭前葉有レ聲　籬荳花開蟋蟀鳴
不レ覺商意滿林薄　蕭然萬籟涵二虛清一
近レ牀賴有二短檠在一　趁レ此讀レ書功更倍
讀書之樂樂陶陶　起弄二明月一霜天高

【冬】

木落水盡千崖枯　迥然吾亦見二眞吾一
坐對二韋編一燈動レ壁　高歌夜半雪壓レ廬
地爐爐烹レ泉然活火　一清足レ稱讀書者
讀書之樂何處尋　數點梅花天地心

23――内訟

寮中の清衆《せいしゅう》時々《じじ》に是《かく》の如く内訟《ないしょう》すべし。夫《そ》れ君子は言《げん》必ず忠信にして心《うら》怨みず。仁義身に在りて色《いろ》・伐《ほこ》ることなし。恩慮通命《おんりょつうめい》にして辞《じ》・専《せん》ならず。篤行信道《とくぎょうしんどう》自《みずか》ら強《つと》めて息《や》まず。油然《ゆうぜん》将《まさ》に越ゆべしとせらるるごとくにして、終《つい》に及ぶべからざるは君子なり。所謂《いわゆる》賢人は徳・閑《のり》を踰《こ》えず、行・規縄《きじょう》に中《あた》り、言以て天下に法とするに足りて、しかも身を傷《やぶ》らず。道以て百姓を化するに足りて、しかも本を傷《そこな》わず。富ませば則ち天下苑財《うつざい》無く、施せば則ち天下貧を病まず。此れ賢者なり。所謂聖者は徳・天地に合し、変通方無く、万事の終始を窮《きわ》め、庶品《しょひん》の自然に協《かな》う。其の大道を敷《あまね》くして遂に情性《じょうせい》を成す。明・日月に並び、化・行わるる神のごとし。下民其の徳を知らず。観る者其の隣《となり》を識《し》らず。此れを聖人と謂うなり。道是《かく》の如く窮まらず。而《しこう》して我は抑々《そもそも》如何《いか》なる人ぞや。

〔出　典〕
『論語』公冶長《こうやちょう》、『孔子家語《こうしけご》』五儀解《ごぎかい》及び『孟子』滕文公《とうぶんこう》上などの諸篇の語をふまえてまとめられている。

〔大　意〕
この学舎に寝食を共にして道を学ぶ学徒達よ。諸君は、常に折《おり》にふれて、心に深く自らとがめ責めるほど強く以下のように内省せねばならない。
そもそも、われわれが志す君子とは、言葉は、必ず真心から出た信実のもので、人がそれを聞き入れなくても、心に怨んだり咎《とが》めたりはせず、仁義が身にそなわっていても、顔色にそれを誇る様子など見せず、思慮《しりょ》は道理にかなっているが、言葉を慎み、誠実な行動につとめ、古の道を信じ、自ら努力してやまず、ゆったりと落ち着いているので、すぐにも越えられるようでいて、結局は及びもつかない者、それが君子なのだ。

世に称えられる賢人とは、その徳は道から逸脱《いつだつ》せず、行いは軌範《きはん》にかない、その言うところは、天下の模範とすることができ、しかも自身をそこなうことがなく、その道徳は、世の人びとを教化することができて、しかも、自らの本性をそこなうことがない。富んでも、世の中の財貨が一部に滞って貧富の格差が出るようなことはなく、施すときには、あまねく世の中にゆきわたって貧しい者が出ないようにする者、それが賢者なのだ。

世の憧れ求める賢者（人）とは、その徳が天地と同じく、時に応じていかようにも変化し、すべての事物の終始を究め知って、諸物の本性本質に和合《わごう》し、大道を敷き連ねてその情性を遂げさせる。その明察は、日や月に肩をならべるほどであり、その教化の行われるのは、霊妙《れいみよう》で、人知でははかり知れない。だから、その下にいる人びとは、その徳に気づくことはない。共に住んで日頃見ている人たちも、自分の近くに聖人がいるとは知らないのである。そのような人こそ、聖人といえるのだ。

このように、求め究めようとする人の道は、上には更に上があって、限りなく窮《きわ》まりないものなのだ。そのような道を学ぼうとする中にあって、諸君は、自分が果たして、いかなる人になろうとしているのか、なりうるのか（深く内省せねばならない）。

○注　釈

・**内訟**…口には出さないが、自ら心に深くとがめ責めること。心に自らを訟《うった》えること。『論語』公冶長篇に見える次の語を下敷きにした表現。「已《や》んぬるかな、吾《われ》未だ能《よ》く其の過を見て、内に自ら訟《せ》むる者を見ざるなり」

・**寮中の清衆**…道元《どうげん》禅師が、永平寺《えいへいじ》で学道修行する学僧達を「寮中の清衆」「寮中の道友」などと呼んだ例に因《ちな》んで、日本農士学校に師友同行、寝食を共にして学ぶ学徒に、この言葉を借りて呼びかけた。

・**心怨みず**…世の人がそれを聞き入れなくても怨んだり咎めたりしない。

・**色・伐ることなし**…顔色にそれを誇る様子もない。

・**辞・専ならず**…言葉にそれを表して、言いたい放題をしない。自負心強く独断的な言葉づかいをしない。

・**油然**…悠然と同じ。ゆったりとしているさま。

・**規繩**…手本。模範。

・**身を傷らず**…自分を傷なうことがない。

・**本を傷わず**…自分自身の修養をおろそかにせず、人に乗ぜられる隙《すき》もない。自分の本性をそこなうことがない。

・**苑財**…積財の意。積み貯えた財産。残財。財貨が一部に滞って貧富の格差が出ること。

・**変通方無し**…臨機応変でよく通達し窮《きゅう》することがない。

・**万事の終始を**…すべての事物の始めと終わりを究《きわ》め知る。万事につけて惑《まど》わず、死生を知る。

・**庶品の自然**…すべての事物の本性本質に和合する。

・**大道を敷く**…徳を天下にあまねく及ぼして、自然に感化《かんか》薫陶《くんとう》し、人々の善なる性を実現させる。

・**下民其の徳を**…君徳が偉大で、感化が自然なので、人民は、それと気付かない。

・**観る者其の隣を**…聖人の隣人も、聖人の徳が自分の近くにあるのを知らない。孔子の隣人がその賢を知らず、「東家《とうか》の丘《きゅう》」と呼びすてにして親しく交わった故事に依っている。

〔解　説〕

導入部分では、『論語』の語「内訟」を用いて、若い学徒に強く深い反省、内省を促し、本文（夫れ君子は～聖人と謂うなり）では、『孔子家語』の五儀解《ごぎかい》（人を五等級に分類し、庸人・士人・君子・賢人・聖人のそれぞれの特性を説明したもの）のうちから、若い学徒が志向すべき君子、賢人、聖人三者の内容を引用して、人の修養の道の果てしないことを説き、結語の部分では、『孟子』の言「舜《しゅん》何人ぞや、予《われ》何人ぞや」をふまえて、修養次第で人は聖人にも成り得るとして、若い学徒に立志と覚悟を求めている。

『孟子』では、孔子の高弟顔淵《がんえん》がいう。「あの聖人舜は、いかなる人間であろうか、自分はいかなる人間であろうか。同じく一個の人間ではないか。だから、なしとげようとする志があれば、自分も舜のような聖人になれないことはないのだ」と。

安岡先生の若き学徒への期待の高さと、これを激励する情熱の強さを示す項目として注目に値する条《くだ》りである。

24――君子の学

聖人の聖たる所以《ゆえん》は蓋《けだ》し天を楽しみ命を知るに在り。夫《そ》れ至聖大《しせいたい》賢《けん》、規矩《きく》の中《うち》に揖譲《ゆうじよう》し、道以《もつ》て天下を済《すく》うに足りて、しかも人に貴《とうと》ばるるを得ず。言以て万世《ばんせい》を経《おさ》むるに足りて、しかも時に信ぜられず。行以て神明に応ずるに足りて、しかも俗を弥綸《びりん》する能わず。其の遇《あ》わざるあるやかくの如し。治乱《ちらん》は運なり。窮達《きゆうたつ》は命《めい》なり。貴賤《きせん》は時なり。故に聖人は時に遇わざるも怨《うら》みず。其の身は抑《おさ》うべきも、道は屈《くつ》すべからざるなり。其の位は排《はい》すべきも、名は奪うべからざるなり。譬《たと》えば水のごとし。之を通ずれば斯《ここ》に川と為り、之を塞《ふさ》げば斯に淵《ふち》と為り、之を雲に升《のぼ》せば則ち雨し、之を地に沈むれば則ち土潤《どじゆん》す。体《たい》・清《す》みて以て物を洗い、濁《にごり》を受けて以て物を済《すく》う。

是《ここ》を以《もっ》て聖人窮達に処《お》ること一の如し。荀子《じゅんし》に曰《いわ》く、君子の学は「通《つう》」の為に非《あら》ざるなり。窮《きゅう》して困《くるし》まず、憂いて意《こころ》・衰えざるが為なり。禍福終始《かふくしゅうし》を知って惑《まど》わざるが為なりと。吾曹《わがともがら》須《すべから》く深省《しんせい》を発すべきなり。

〔出典〕

三国時代の魏《ぎ》の李康《りこう》の「運命論」（『文選《もんぜん》』所載）。本文は、安岡先生が、「運命論」の名言佳句《かく》を適宜《てきぎ》、引用し、縦横《じゅうおう》に組み替えて構成した文章で、「運命論」のエッセンスを要約した名文となっている。

本文末尾には、『荀子《じゅんし》』宥坐《ゆうざ》篇の「君子の学」の条《くだ》りが引用されている。

〔大意〕

聖人が聖人である理由は、おそらく天命を悟ってこれに安んじ、これを楽しんでいるからであろう。そもそも至聖・大賢とされる人物は、限定された範囲だけで人と交わっており、その唱えた道は、天下を救うのに十分なものであったが、人びとに尊重されることがなく、その言葉は、万世《ばんせい》の後までも依り所とするに十分であったが、その時代には信用されることなく、また、その行いは神明に応えるのに十分であったが、世俗《せぞく》のすべてを包みこむことはできなかった。その運命の不遇は、このようなありさまであった。国が治まるか乱れるかは運であり、人の困窮《こんきゅう》と栄達《えいたつ》は命であり、身分が高いか低いかは時による。だから聖人は、運命の不遇を怨《うら》むことはない。その身体は抑《おさ》えつけることができても、道は曲げることができず、その地位は排斥《はいせき》することができても、名を奪い取ることはできない。

真の聖人とは、たとえば、水のようなものである。水は流れれば川となり、ふさぎとめれば淵《ふち》となる。上昇させて雲にすれば雨となって恵みを与え、地中に沈めれば、大地を潤《うるお》す。その本性は清らかで万物を洗い、そのために濁《にご》りを引き受けて物を救済している。このようにして、聖人は、困窮しても栄達しても、同じ態度をとるのである。

『荀子』に説くように、君子の学は、栄達や富貴に到る「通《つう》」のためにあるのではない。困窮や貧賤《ひんせん》の中にある「窮《きゅう》」となっても、苦しむことなく、憂患《ゆうかん》にあっても、心衰えぬためにあるのである。禍《か》と福《ふく》とのよってきたるところを知り、物事の終わりと始めを知って惑わないためなのである。

そこでわれわれも、深く省察《せいさつ》の心を発起せねばならない（この結語は安岡先生によるもの）。

○注　釈

・**文選**……六朝《りくちょう》時代の梁《りょう》の昭明太子蕭統《しょうとう》編。原本三十巻。紀元前二世紀から紀元後六世紀に至る百二十七人の名詩文を集めた詞華集《しかしゅう》であり、唐宋《とうそう》以来、科挙《かきょ》の士に尊ばれ、わが国の文学にも大きな影響を与えた。

・**李康**……字《あざな》は蕭遠《しょうえん》、三国、魏の中山の人。性は介立《かいりつ》（かたく節操を守る）、俗と和することがなかった。「遊山九吟」を作り、魏《ぎ》の明帝《めいてい》（在位二二七～二三九）にすぐれた文章を認められ、尋陽《じんよう》の長となり、政事に功績をあげた。その「運命論」は名高い。

「運命論」の内容は、古来、聖賢も、帝王も、或《ある》いは臣庶もみな、時運に遭遇すると否とにより盛衰進退あるをいい、経《けい》を引き史《し》に徴《ちょう》して縦説横論《じゅうせつおうろん》、文章絢爛《けんらん》のところに原理を寓《ぐう》している。「治乱は運なり、窮達《きゅうたつ》は命なり、貴賤は時なり」の三句が骨子である。

・**天を楽しみ命を知る**…楽《シミ》レ天《ヲ》知《ル》レ命《ヲ》、故《ニ》不レ憂《ヘ》、と『易経《えききょう》』繫辞《けいじ》上に見える。天命を悟ってこれに安んじ、これを楽しむ。その心構えができたとき人に憂いはなくなる、の意。

・**至聖大賢**…「運命論」の本文では、「仲尼は至聖、顔《がん》・冉《ぜん》は大賢にして」とある。仲尼《ちゅうじ》は孔子の字。顔・冉は、孔子の弟子の顔回《がんかい》と冉求《ぜんきゅう》のこと。

・**規矩の中**…決められた範囲のこと。規矩《きく》は、ぶんまわしとさしがねのこと。転じて、きまり、また手本の意。

・**揖譲**…あいさつして人にへりくだること。ここでは、人と交わること。交際。

・**経む**…恒久不変の法則に則らせる。

・**神明に応ず**…『孝経』応感《おうかん》篇に「孝悌《こうてい》の至りは神明に通ず」とある。

・**弥綸**…つくろいおさめること。

・**治乱**…国が治まることと乱れること。

・**窮達**…人が困窮することと栄達すること。
・**貴賤**…地位が高いことと低いこと。ここに並ぶ「運」「命」「時」は、すべて運命のこと。
・**窮達に処ること一の如し**…『呂氏春秋《りょししゅんじゅう》』に「古《いにしえ》の道を得たる者は、窮するも亦楽しみ、達するも亦楽しむ。楽しむ所は窮達に非ざるなり。道、此《ここ》に得れば、則ち窮達は一なり」とある。『荘子《そうじ》』譲王篇《じょうおう》には、「古の道を得たる者は、窮するも亦楽しみ、通ずるも亦楽しむ。楽しむ所は窮通に非ざるなり」とある。二つの文をふまえた表現。
・**禍福**…わざわいとしあわせ。災禍《さいか》と幸福。
・**終始**…終わりと始め、始めから終わりまで。

〔解　説〕

本文に付け加えられた安岡先生のことばに引用されている『荀子』宥坐篇の教えは、金鶏《きんけい》学院、日本農士学校の「参学指帰《さんがくしいき》」にも用いられているように、安岡教学における学問観の要諦《ようてい》とされている。

本文は、李康の「運命論」の名言佳句を、安岡先生が適宜縦横に組み替えて構成した文章で、「運命論」のエッセンスを要約した名文となっている。その主眼は、古の聖賢が、「窮・通（達）」にいかに処してきたか、その見事な出処進退の跡をまとめたもので、荀子の「君子の学」の精神に直結している。真の学問のあり方を、若き学徒に知らしめんとする真情に裏打ちされた名文といえよう。

25――絶　学

老子に云《い》う、学を絶てば憂なし。唯《い》の阿《あ》と相去る幾何《いくばく》ぞ。善の悪と相去るいかん。人の畏《おそ》るる所は畏れざるべからず。荒《こう》兮として其れ未だ央《つ》きざるかな。衆人熙々《きき》として大牢《たいろう》を享《う》くるが如く、春・台に登れるが如し。我独《ひと》り泊《はく》兮として其れ未だ兆《きざ》さざること、嬰児《えいじ》の未だ孩《わら》わざるが如く、乗乗《じょうじょう》兮として帰する所なきが如し。衆人は皆余あるに、我独り遺《のこ》せるが如し。我は愚人《ぐじん》の心なるかな。沌沌《とんとん》兮たり。俗人は昭々《しょうしょう》たるに、我独り昏《くら》きがごとし。俗人は察々たるに、我独り悶々《もんもん》たり。澹《たん》兮として其れ海のごとく、飂《りゅう》兮として止まる所無きに似たり。衆人皆以《もち》うるあり。而《しこう》して我独り頑《かたくな》にして且《か》つ鄙《いや》し。我独り人に異にして而して母に食《やしな》わるるを貴ぶと。

あさましいかな今世《こんせい》の人。恃《たの》むべからざるを恃み、誇るべからざるを誇り、屑々《せつせつ》として須臾《しゆゆ》の生を送れり。是れ老子の嗤《わら》う所なり。是れ荘叟《そうそう》の嘲《あざけ》る所なり。聖人は天の如し。至人《しじん》は太虚《たいきょ》なり。誰か其の徳を造化《ぞうか》にする者ぞ。

〔出　典〕

『老子』（『老子道徳経』）の「異俗《いぞく》第二十章」の全文。

〔大　意〕

『老子』に説いている。いわゆる学問などやめてしまえば、心の憂いはなくなる。（なまじ礼など学ぶと、応答の仕方まで細かく教えられるが）「唯《はい》」という丁寧な応答と「阿《うん》」という粗略《そりゃく》な応答との間に、どれほどのへだたりがあるというのか。（それと同様に）善といい悪というが、その間にどれほどのへだたりがあるというのか。

世の人の畏《おそ》れ慎む所は、同じく畏れ慎まなければならないが、(それも、学んで細かい区分にまでいちいち気を配っていたら)荒野の草のように雑然としていて、整理し尽くすことなどできはしない。

世の人は、少しでも楽しいことがあると、たいそうなご馳走《ちそう》にあずかった時のように、或《ある》いは春うららの中で丘に登り景色を眺める時のように喜々としている(その反面、少しでも悲しいことがあると、大変な悲しがりようである)。

これに対して、私だけは、静かに何もしないで(ただぼうっとしていて)喜びの情も悲しみの情も、まだきざしてこないで、また笑うことも知らぬ赤ん坊のようであり、行くあてても帰るあてもない者のようである。

世の多くの人びとは、やる気があり余っているのに、私だけは、みな忘れ去ってしまったようで、ぼんやりしている。まったく私は愚か者の心そのままだ。

世俗の人は、世事に明るくよく判っているのに、私だけが、判断もつかないようだ。世俗の人は、世事を細かく判別しているのに、私だけが、心が暗くその判別もできていない。私は、ぼうっとしていて静かな海のようであり、風が吹くようにあてどなくとどまるところがないように見える。世の多くの人は、みなせっせと何かやっている。それなのに私だけが融通《ゆうずう》がきかず、田舎者のようにぼんやりしている。このように私は独り世の人とかけはなれ異なっていて、（無為《むい》自然に天地の造化《ぞうか》である）母、つまり「道」に養育されることを貴いこととして生きているのだ、と。

今の世の人は、何と嘆《なげ》かわしいことだろう。たのんではならぬものをたのみ、誇るべきでないものを誇り、こせこせと落ち着きなく、つかの間の人生を過ごしてしまっている。これこそ老子の嗤《あざわら》う所であり、荘子の嘲《あざけ》るところにほかならない。（これにくらべて）道を修め究めた聖人や至人《しじん》は、あたかも、あの大空のようである。ところで一体、誰が、その徳を天地自然の造化の営みに一致させることができるのだろうか。

◯注　釈

・**唯の阿と…**唯は、直ちに応ずるていねいな返事「はい」に当たる。阿は、乱暴な返事、大声で怒ったような乱暴な返事。

・**荒兮**…兮は、音は「ケイ」だが、物事を形容する詞として、読まないことば。荒は、蕪と同意で、草が地をおおうの意。ここでは、雑草が地をおおっているように雑然としていて整理し尽くせないという意味に用いられている。

・**煕々として**…やわらぎ楽しむさま。

・**大牢**…牛・羊・豕（いのこ）の牲（いけにえ）を合わせそなえた料理で、社稷《しゃしょく》の祭りや天子の食膳《しょくぜん》に供えるごちそう。転じて非常なごちそうの意。

・**泊兮**…静かなさま。安静なさま。

・**孩う**…幼児が笑う。あかごが笑う。

・**乗乗兮**…乗乗は、縄縄《じょうじょう》の仮借《かしゃく》で、無限界なさま。きまった目標のないことのたとえ。

・**遺す**…忘れること。

・**沌沌兮**…おろかで分別のないさま。

・**昭々**…明らかなさま。

・**察々**…吟味《ぎんみ》の細かなさま。いさぎよく清いさま。あきらかなさま。

・**悶々**…心が暗く明察を用いないさま。
・**澹兮**…静かに安らかなさま。
・**飂兮**…風の吹くさま。
・**母に食わる**…母は天地の母、つまり道を指す。食うは、やしなう。ここでは、やしなわれるの意。
・**恃む**…頼る、たのむ。まつ。
・**屑々**…こせつくさま。くだくだしく動作するさま、おちつかぬさま。
・**須臾**…少しのあいだ。しばらく。
・**嗤う**…あざわらう。嘲笑《ちょうしょう》する。
・**荘叟**…荘周（荘子）のこと。叟は、長老の称。『荘子』を表す。
・**至人**…道を修めて至極に到達した人。
・**太虚**…天、天空。虚無深玄の理。
・**造化**…天地自然の理、また万物を生成化育《せいせいかいく》する営み。

〔解　説〕

昭和二十一年夏、敗戦後、公職追放となって埼玉県の菅谷《すがや》之荘に隠棲《いんせい》していた逆境の中、安岡先生は、名著のほまれ高い『老荘思想』を一気に書きあげた。その「序」で述べて、「私は少年の頃から、主として儒教を学んだが、長じて窃《ひそ》かに禅や老荘を愛し、いささか固陋《ころう》を救うことができた」としている。

それから三十余年後、円熟《えんじゆく》の境地にあって「孔孟に老荘のあることは、丁度人家に山水のあるようなもので、これによって里人は如何《いか》に清新な生活の力を与えられることであろう。拘泥《こうでい》し易く頽廃《たいはい》しがちな悩みを持つ人間が、孔孟を貴びつつ、老荘にあこがれて来たのは、無理のないことである」とも述懐《じゆつかい》している。

時代は遡って大正十三年、若き安岡先生は『老荘思想論』という名論文を発表しているが、その中で、この「絶学」の文章を紹介し、その後に「何と深遠な体達の語であろう。まことに我々は、学の名の下に―知識の名の下に概念の幽霊となって思想的彷徨《ほうこう》を脱しきらない。…」と深い感慨をこめて論じている。

このように安岡教学において、老荘思想は一貫して大きな役割を果たしてきた。その老荘思想を代表して『光明蔵』にとりあげられたのが、「学を絶てば憂なし」という章句であることに注目したい。

26——斯人《しじん》の徒

長沮《ちょうそ》桀溺《けつでき》耦《なら》んで耕《たがや》せり。孔子之を過ぎ、子路《しろ》をして津《しん》を問わしむ。長沮曰《いわ》く、夫《か》の輿《よ》を執《と》る者は誰とか為す。子路曰く、孔丘《こうきゅう》と為す。曰く、是れ魯《ろ》の孔丘《きゅう》か。対《こた》えて曰く、是《これ》なり。曰く、是ならば津を知らむ。桀溺に問う。桀溺曰く、子は誰とか為す。曰く、仲由《ちゅうゆう》と為す。曰く、是れ魯の孔丘の徒《と》か。対えて曰く、然《しか》り。曰く、滔々《とうとう》たる者天下皆是なり。而《しか》るを誰と以《とも》にか之を易《か》えん。且而《かつなんじ》その人を辟《さ》くるの士に従わんよりは、豈《あに》世を辟《さ》くるの士に従うに若《し》かんやと。耰《ゆう》して輟《や》まず。子路行いて以て告ぐ。夫子憮然《ぶぜん》として曰く、鳥獣は与《とも》に群《むれ》を同じくすべからず。吾れ斯《こ》の人の徒と与《とも》にするに非ずして、誰と与にかせん。天下道あらば、丘与《きゅうとも》に易えざるなりと。

我れ論語微子《びし》を読んで此処《ここ》に至り、深く夫子《ふうし》を礼敬《らいけい》せずんば非ざるなり。学人は須《すべから》く是の心を長養し、深潜厳毅《しんせんげんき》以て事に当るべきなり。彼の異端《いたん》は危いかな。

〔出 典〕

『論語』微子《びし》篇。この篇には、隠者に関する記述が見える。

〔大 意〕

隠者と思われる長沮《ちょうそ》と桀溺《けつでき》の二人が、並んで耕していた。そこを通りかかった孔子が、供の子路《しろ》に、渡し場の所在を尋ねさせた。するとと長沮がいうに「あの手綱《たづな》を執っているのは誰だ」と。子路「あれは孔丘《きゅう》です」。長沮「魯《ろ》の孔丘なら、渡し場ぐらい知っていそうなものだ」といって教えようともしなかった。そこで子路は、今度は桀溺に尋ねた。桀溺「きみは誰だ」。

子路「仲由《ちゆうゆう》という者です」。桀溺「では魯の孔丘の門人だね」。子路「そうです」。桀溺曰《いわ》く「水が滔々《とうとう》として流れて返らないように、乱れて救うべからざる世の勢いは、天下到るところみな同じだ。それなのに、君の師匠は、一体、誰と一緒にこの乱世を変えて太平の世にしようとするのか（そんなことは無駄なことだ。あの人物はいけない）。君も、人を選り好みして、（この君主は仕えるに足りぬなどと）人を避けて歩いているあの孔丘の仲間として従っているより、むしろいっそのこと、世間を避けて隠れ耕すわれわれの仲間に入った方がよくはないか」といいすてて、蒔《ま》いた種子に土をかぶせて耕す手を止めず、渡し場など教えようともしなかった。

子路は、仕方なく、孔子のところに帰ってかれらの言葉を報告した。孔子は、長嘆息《ちようたんそく》して「世を避けて鳥や獣と一緒になって生きていけようか。わたしは、他でもない、この人間の仲間と一緒になっていくのでなくて、一体、誰と一緒になっていくというのか（わたしの関心は、あくまでも人間社会以外にはないのだ）。今の世の中に道が失われているからこそ、何とかして、それを改革して人を救おうとしているのだ。もし、天下に道があったなら、わたしは、なにも世の中を変えようと、東奔西走《とうほんせいそう》する必要はないではないか」といって、その救世救民の志を述懐《じゅっかい》した。自分は（以下、安岡先生のまとめ）『論語』微子篇を読んでこの章に至り、改めて深く孔子を礼敬せずにはいられなかった。道を学ぼうとする者は、この孔子の精神を長養《ちょうよう》して心底深く厳しい決意を以て事に当たらなければならない。あの長沮、桀溺のような異端の考えは、まことに危険きわまりない。

○注　釈

・**斯人の徒**…本文中の「斯の人の徒」を音読して標題としたもの。この人間の仲間、つまりこの人間の社会の意。

・**長沮桀溺**…隠者に仮につけた名とされる。共に川端《かわばた》で仕事をしている背丈の高い人であったから、長（背丈が長い）、桀（高く大きい）の文字を当て、沮（水たまり）、溺（水にぬれている）の文字と組み合わせて命名したのではないかとされている。

・**耦んで耕す**…二人ですき（耜）を揃《そろ》えて耕すことを耦耕という。

・**津**…川の渡し場。

・**輿を執る**…輿《よ》は、くるま。馬車の手綱を執る意。
・**滔々たる者**…水の滔々として流れ去って返らないように、乱れ救うべからざる世の勢い。
・**皆是なり**…是は滔々を指す。
・**人を辟くるの士**…暗に孔子を指す。孔子は、あの人物はいけない。この君主は仕えるに足りないと、人を避けて選り好みをしていると見ていたのである。
・**世を辟くるの士**…桀溺みずからを指す。乱世を避けて隠遁している者。
・**耰す**…播いた種子に土をかぶせる。
・**輟まず**…やまずの意。
・**憮然**…悵然と同じで、長嘆息すること。失意のさま。
・**与に群を同じくす**…一緒に生きていく。
・**易える**…正道を以て天下を変える。世を改変する。
・**礼敬**…礼しうやまう。礼をもってうやまう。
・**深潜**…ふかくひそめる。
・**厳毅**…おごそかで心がつよい。厳正で動かぬこと。

・異端…聖人の道でなく、別に一端をなすもの。正統でないもの。

〈解　説〉

『論語』微子篇には、孔子の隠者《いんじゃ》との対比を主題としたものが、三つまとめられている。いずれも、隠者が孔子の言行を否定して、皮肉・風刺・嘲罵《ちょうば》を以て対しているのに、孔子は、あくまでも時勢に対する匡救《きょうきゅう》の熱意、救世救民の志を説いて、これに対している。

安岡先生は、この篇を読んで「斯人《しじん》の徒」に至り、孔子のこの姿勢に深く敬礼の念を禁じ得なかったと述懐《じゅっかい》され、若き学徒をいましめ鼓舞してやまなかった。その語勢の昂揚《こうよう》の著しさに注目せねばなるまい。

27――覚　悟

親鸞聖人門徒《しんらんしょうにんもんと》に向いて曰《い》う、各々十余箇国の境をこえて、身命《しんみょう》をかえりみずして尋ねきたらしめたまう御こころざし、ひとえに往生《おうじょう》極楽のみちを問いきかんがためなり。しかるに念仏《ねんぶつ》よりほかに往生のみちをも存知《ぞんち》し、また法文《ほうもん》等をも知りたらんと、心にくくおぼしめしおわしましてはんべらんは、大きなるあやまりなり。もししからば、南都北嶺《なんとほくれい》にも、ゆゆしき学匠《がくしょう》たちおおくおわせられそうろうなれば、かのひとにもあいたてまつりて、往生の要よくよくきかるべきなり。親鸞におきては、ただ念仏して弥陀《みだ》に救《たす》けられまいらすべしと、よき人のおおせをこうふりて信ずるほかに、別の仔《し》細《さい》なきなり。念仏はまことに浄土に生るるたねにてやはんべるらん。

また地獄に落つる業《ごう》にてやはんべるらん。総《そう》じてもて存知《ぞんち》せざるなり。たとい法然上人《ほうねんしょうにん》にすかされまいらせて、念仏して地獄に落ちたりともさらに後悔すべからずそうろう。そのゆえは自余《じよ》の行《ぎょう》もはげみて仏になるべかりける身が、念仏をもうして地獄に落ちてそうらわばこそ、すかされまつりてという後悔もそうらわめ、いずれの行もおよびがたき身なれば、とても地獄は一定《いちじょう》すみかぞかし。

〈出　典〉

唯円《ゆいえん》『歎異抄《たんにしょう》』に見える親鸞《しんらん》の言葉。

〈大　意〉

親鸞聖人《しょうにん》は、念仏の門人《もんじん》に向かって、こういわれた。

あなた方は、十数か国の国境を越えて、いのちがけでこの親鸞を訪ねておいでになった。その意向は、ひたすら極楽往生《おうじょう》の道を、問い尋ねたい一心からおいでになったと見うけます。ところで、この親鸞が、念仏以外に往生の道を知っていて、秘密の法文《ほうもん》なども知っているだろうと推測されて、それを知りたく考えておられるのでしたら、それは大きなまちがいです。もしそう考えておられるのなら、奈良や比叡山《ひえいざん》などにすぐれた学僧たちが沢山おいでになることですから、その方々にお会いになって、往生について奥儀をよくよくお聞きになるとよいでしょう。この親鸞は、ただ念仏をして阿弥陀仏《あみだぶつ》にお助けいただくのがよいと、法然上人《ほうねんしょうにん》のお言葉を頂いて信ずるほかに、格別の仔細《しさい》はないのです。

念仏が、ほんとうに浄土に生まれる原因なのか、それとも地獄におちる行為なのか、まったくもって、わたしは存じません（そのようなことは、わたしにとってどうでもよいのです）。たとえ法然上人に欺《あざむ》かれ申して、念仏して地獄におちたとしても、けっして後悔することなどありません。

そう思う理由は、念仏以外の修行を励めば仏になるはずのところ、念仏を申したために地獄におちるのであれば、上人の巧みな言いくるめに欺かれたという後悔もありましょうが、しかしわたしは、念仏以外の行を修めることなどできない身ですので、どうあっても、地獄は、確実にわたしの住みかと覚悟してきたからなのです。

○注　釈

・**親鸞**…浄土真宗の開祖（一一七三〜一二六二）。綽空《しやくくう》、善信《ぜんしん》とも称した。日野有範《ありのり》の子。母は幼時に没し、九歳で出家したのち比叡山にのぼるが、二十年間の修行は悩みを解決してくれず、二十九歳、法然を訪ね、他力本願に回心《えこう》した。このころ親鸞と改名。一二〇七年の念仏弾圧で越後に流罪《るざい》となった。そこで非僧非俗となり愚禿《ぐとく》を姓とした。一二一一年赦免《しやめん》され、その後、常陸に移住し、約二十年間関東各地で布教、六十二、三歳のころ京に帰った。主著に『教行信証《きようぎようしんしよう》』がある。他力信心による現世での往生を説き、他力信心は如来《によらい》から与えられるものとして専修念仏《せんしゆうねんぶつ》を説いた。

・**聖人**…わが国では、僧侶の敬称として「上人《しようにん》」を用いるが、「聖人《しようにん》」は、上人より一段と高い尊称語として使われ、浄土真宗では、親鸞を聖人と呼ぶ。

・**門徒**…一門《いちもん》の徒輩《とはい》。同じ門流に属して信仰を共にする人びとのこと。今日では、真宗の信徒を呼称する用語のようになった。

・**往生極楽**…この世の命が終わって、他の世界に生まれることを、仏教で往生というが、やがて、浄土教（阿弥陀仏信仰）の盛行によって、往生とは極楽往生のことと見られるようになった。浄土真宗では、真実報土《しんじつほうど》に往生する化生《けしょう》と方便化土に往生する胎生《たいせい》を説いている。極楽とは、極楽浄土のこと。阿弥陀仏のいる世界で、まったく苦しみのない理想郷であり、阿弥陀を信じ、ひたすら念仏を唱える（一向専修）と、死後ここに迎えられるという。

・**念仏**…「南無阿弥陀仏」と阿弥陀仏の名前を唱称すること（称名《しょうみょう》）。

・**南都北嶺**…奈良の興福寺《こうふくじ》と比叡山延暦寺のこと。南都は、奈良を意味するが、また奈良の旧仏教諸宗派を指す語としても用いられる。北嶺は、新興の天台宗を指す語。

・**ゆゆしき**…すばらしい。大層立派な。

・**学匠**…仏教では、特に仏教を学ぶ者の意。学生・学徒と同じ意味。

・**よき人**…ここでは法然上人のこと。

・**法然上人**…わが国の浄土宗の開祖（一一三三～一二一二）。漆間時国の子。遺戒によって父の仇討ちを断念、十三歳で比叡山に登り、十五歳で出家。二十五年間研鑽《けんさん》を積んだ後、一一七五年、四十三歳の時、善導の著作『観無量寿経疏《かんむりょうじゅきょうそ》』で心眼を開き、専修念仏に帰依した。九条兼実《くじょうかねざね》の請いにより『選択本願念仏集《せんちゃくほんがんねんぶつしゅう》』を著し、一宗を確立。七十五歳の時、法難に遭い、弟子七人と共に各地に流された。八十歳で示寂《じじゃく》。

・すかす…だます、いいくるめる。

・とても…いずれにせよ。どうせ。結局の意。逃れられない結果は、思い切って受け入れ、よりよい状況にしようとする気持ちを表す語。いっそのこと、どうせなら。

・一定…必ず。きっと。確かに。

〈解　説〉

若き日の安岡先生は、『歎異抄』のここに掲げた文章に深く感銘し、「これ親鸞の決定《けつじょう》した覚語であった」と述べ、更に「私を以て観れば、他力易行道《たりきいぎょうどう》決して世間の思う様に易行では無い。そは寧《むし》ろ自力聖道門《じりきしょうどうもん》より難行《なんぎょう》の法門と云《い》うことも出来る。驕慢《きょうまん》の念深き煩悩《ぼんのう》の人間があれ程深く自己の罪業《ざいごう》を徹見するということは至難の業である」「凡夫《ぼんぷ》観罪業観に徹するの大勇がなければならぬ」とも説明を加えている（『日本精神の研究』）。

この壮烈ともいうべき親鸞の覚悟に感銘して、この本文の標題に「覚悟」の語を当てたのである。なお、仏教における覚悟の原義は、眠りから覚めること、目覚めていることを意味する。漢語では、さとる、さとすを意味する。

『歎異抄』は、親鸞の語録を本とし、それによって親鸞の死後に現れた異説を歎《なげ》きつつ親鸞の正意を伝えようとしたものである。作者は、東国での親鸞の直弟子唯円であるとされている。

親鸞の人と思想と信仰は、一般には、この書によって伝えられ、理解されてきたといえる。この断片的語録の方が、親鸞自身の筆になる文章よりはるかに解り易く魅力的であったため、多くの人びとが『歎異抄』によって親鸞との出会いを体験することになったのである。

八十歳を超え、宗教者として円熟《えんじゅく》期にあった親鸞の言葉を、三十歳代で柔軟な心の持ち主であった唯円は、一語一語を忘れ得ぬ言葉として心の底に刻みこみ、その言葉を心の内に繰り返しよみがえらせていたに相違ない。その結果、一切の饒《じょう》舌《ぜっ》を削《そ》ぎ落とした見事な文体による語録になったと考えられる。

安岡先生は、その代表的な条《くだ》りを『光明蔵』に収めて、若い学徒に朗唱《ろうしょう》を奨めたのである。

28――生　死

修証義《しゅうしょうぎ》に曰《いわ》く、生《しょう》を明らめ死を明らむるは仏家《ぶつけ》一大事の因縁《いんねん》なり。生死《しょうじ》の中に仏《ほとけ》あれば生死なし。但《ただ》生死即ち涅槃《ねはん》と心得て、生死として厭《いと》うべきもなく涅槃として欣《ねが》うべきもなし。是時初めて生死を離るる分《ぶん》ありと。曽《かつ》て法華経《ほけきょう》を看《み》るに、如来神力品《にょらいじんりきほん》に云《い》う、若しは経巻《きょうがん》所住の処、若しは園中に於《おい》て、若しは林中に於て、若しは樹下《げ》に於て、若しは僧坊に於て、若しは白衣《びゃくえ》の舎、若しは殿堂に在って、若しは山谷《せんこく》、曠野《こうや》、是の中皆応に塔を起して供養《くよう》すべし。所以《ゆえん》は何《いかん》。当に知るべし、是の処即ち是れ道場にして、諸仏此《ここ》に於て阿耨多羅三藐三菩提《あのくたらさんみゃくさんぼだい》を得、諸仏此《ここ》に於て法輪《ほうりん》を転じ、諸仏此に於て般涅槃《はつねはん》すと。朝《あした》に道を聞けば、夕《ゆうべ》に死すとも可なりと云うも亦此の意《こころ》なり。唯《た》だ人身《にんしん》得ること難く、正法聖学《しょうぼうせい》値《あ》うこと希《まれ》なり。
而して光陰の速《すみ》やかなる、白駒《く》の隙《げき》を過ぐるが如く、露命《ろめい》いかなる
道の草にか落ちむの歎《なげき》あれば、一刻も懈《け》怠あるべからず。

〈出　典〉
『修証義《しゅうしょうぎ》』劈頭《へきとう》の言葉と『法華経《ほけきょう》』如来神力品《にょらいじんりきほん》の言葉。

〈大　意〉
『修証義』にいう。生と死との意味を明らかに理解して、生きていく根本の問題（生老病死《しょうろうびょうし》）を解決することが、仏教の唯一最大の課題である。生死があるからこそ仏は世に出るのだ。人生の根本問題つまり生死（生老病死）の苦の認識から、その解決の方法を見出し、苦の無い安穏《あんのん》な境地に導くために仏が存在するのだ。
だから生死（生老病死）の苦が、とりもなおさず、そのまま苦の無くなった安穏

な境地なのだと心得てしまえば、生死を苦として厭《いと》うべきでもないし、安穏な境地として欣《ねが》うべきでもない。このように悟った時に初めて、生きていく根本問題（生死）から解放されることができる、と。

かつて法華経を看《み》た折《おり》、如来神力品に説いていう。いかなる場所であれ、仏教の教えのすべて（が要約されているこの経典の恩恵）が、あるいは書物にされて置かれたりするところでは、そこが遊園であれ、林の中であれ、樹の根本であれ、僧院であれ、俗人の住まいであれ、殿堂であれ、山谷《さんこく》・曠野《こうや》であれ、その場所に如来のために塔《とう》（祠堂《しどう》）が建立されねばならない。それは何故であるか。まさにそのゆえんを知らねばならない。

すべての如来（諸仏《しょぶつ》）にとって、この場所こそは、即ち悟りの道場にほかならず、また、その場所において、すべての如来は、この上なく完全な悟りに到達し、また、この場所において、すべての如来によって教えの車輪が回されたのであり、さらにこの場所においてすべての如来は、完全に平安の境地に入ったのである、と。

以上二つの趣旨は、『論語』にいう、朝、人たるの道を聞いて、それを体得し実践することができれば、仮にその夕方死んでも（人生の目的を達したのだから）、まず、満足すべきであるとする趣旨もまた同じである。

それにしても、人として生まれることは、難しいことであるし、更に、その人生において正法（仏の教え）や聖学（孔子・孟子の教え）に出会うことも希有《けう》のことなのである。その上に歳月がたちまちに過ぎ去るのは、白馬が戸の隙間を過ぎ去るように速く、しかも、いつどこで生命を落とすかも知れない人生の悲しさを思えば、われわれ学に志す者は、一刻も、なまけおこたってはならないのだ。

○注　釈

・**修証義**…曹洞宗が僧侶や檀信徒のために宗意安心を示した書。五章三十一節の全文が、すべて道元の『正法眼蔵《しょうぼうげんぞう》』からの抜粋より成る。明治二十三年公刊された。曹洞宗は坐禅を宗旨とするが、教化活動への時代的要請から生まれた教団近代化の原点に位置する。安岡教学では、特に重視する書である。

・**生死即ち涅槃**…大乗仏教の空観に由来するもので、悟った仏智から見るならば、迷える衆生《しゅじょう》（現実）の生死の世界そのものが不生不滅の清浄な涅槃《ねはん》の境地であるという意。「煩悩即菩提《ぼんのうそくぼだい》」と対句で用いられる。ひとたび仏智見を得たならば、いとうべき生死もなく、求むべき涅槃もない。煩悩と菩提、生死と涅槃は、不二相即している。道元は、これを「ただ生死すなはち涅槃とこころえて、生死としていとうべきもなく、涅槃としてねがうべきもなし」と説いている。

・**生死**…生老病死の略。人生の一切。迷いの世界。苦の世界。

・**涅槃**…煩悩の火が吹き消された状態の安らぎとさとりの境地をいう。絶対の安らぎの地。また入滅、死去をいう。

・**法華経**…妙法蓮華経《みょうほうれんげきょう》のこと。初期の大乗経典《だいじょうきょうてん》に属し、紀元前五〇年～紀元前一五〇年頃に成立したと考えられる経典。宇宙の統一的真理（法）、久遠《くおん》の人格的生命（仏）、現実の人間的活動（菩薩）が三大特色とされている。

・**白衣**…インドでは、修行者は出家者であることを示すためにサフラン色または柿渋色など色の着いた衣服をまとうのに対し、在俗の人は白色の衣服を着ていた。そこから、白衣は、在俗者、在家仏教者を意味する。

・**供養**…原語は、尊敬をもってねんごろにもてなすこと。宗教的偉人などに敬意をもって資具などを捧げることをいう。「塔を起して供養すべし」とは、起塔供養《きとうくよう》のこと。仏弟子の舎利弗《しゃりほつ》、目連《もくれん》などは、起塔供養を以て礼拝された。

・**阿耨多羅三藐三菩提**…無上の真実なる完全なさとりの意。「無上正等覚」「無上正真道」「無上正遍知」などと漢訳される。

・**法輪を転ず**…仏が教えを説くことを「転法輪《てんぽうりん》」という。法輪は仏の教えのこと。

・**般涅槃**…完全な涅槃（完全な平安の境地）に入ること。特に釈尊の入滅《にゅうめつ》を大いなる般涅槃（大般涅槃）、大円寂《えんじゃく》という。

・**人身得ること難し、正法聖学値うこと希なり**…「人身得ること難し、仏法値うこと希なり」「露命いかなる道の草にか落ちむ」の語は共に『修証義』のことば（二十頁注釈参照）。

〈**解　説**〉

人生の意義・目的等、人が生きていく根本問題に迫る問題提起として、『修証義』劈頭の言葉と『法華経』如来神力品の「是の処是れ道場」の教説を挙げ、『論語』の求道の情熱の言葉を以て締め括《くく》る構成となっており、終わりに再び『修証義』の語「生死事大《しょうじじだい》、無常迅速《むじょうじんそく》」を援用しつつ、若き学道の者の精進を求め、一刻も懈怠《けたい》あるべからずと戒めている。まさに朗々と唱すべき安岡先生渾身《こんしん》の名文といえよう。

文の構成の妙《みょう》といい、すべて古典の名言を用いる巧《こう》といい、安岡教学の普遍かつ不易《ふえき》なるゆえんを象徴し、『光明蔵』を代表する傑作《けっさく》であるといえるのではあるまいか。

『光明蔵』とほぼ同時期に執筆された『東洋倫理概論』の「生死の覚悟」の章で、「人格において、はじめていかに生くべきかの内面的要求を生ずる。ここに人にのみ許された至尊なる価値の世界―法則の世界―自由の世界があるのである」と説き、その章の結語「真の脱落」の項で、「生死」で取りあげた内容を、孔子→法華経→修証義と順序を変えて、同じ内容を取りあげ、「我々は生死の覚悟によってはやく誠の生活を確立せねばならぬ」と結論している。「生死」は、若き安岡先生の「一大事の因縁」であったのであろう。

29――易《えき》簀《さく》

諸子檀弓《だんぐう》を見しや。

曽子《そうし》疾《やまい》に寝《い》ねて病《へい》なり。楽正子春《がくせいししゅん》牀《しょう》下に坐し、曽元《そうげん》・曽申《そうしん》足もとに坐す。童子隅《ぐう》坐して燭《しょく》を執《と》る。童子曰《いわ》く、華にして睆《かん》なる大《たい》夫《ふ》の簀《さく》か。子春曰く、止めよ。曽子之を聞き、瞿然《くぜん》として曰く、呼《ああ》。曰く、華にして睆《かん》なる大夫の簀《さく》か。曽子曰く、然り。斯《こ》れ乃《すなわ》ち季孫《きそん》の賜《たまもの》なり。我れ未だ之を易《か》うる能わず。元、起って簀を易えよ。曽元曰く、夫子の病革《やまいすみやか》なり、以て変ず可からず。幸《さいわい》に旦《あした》に至らば、請う、敬《つつし》んで之を易えん。曽子曰く、爾《なんじ》の我れを愛するや彼に如《し》かず。君子の人を愛するや徳を以てす。細人の人を愛するや姑息《こそく》を以てす。吾れ何をか求めんや。吾れ正を得て斃《たう》るれば斯《ここ》に止まんと。

挙げ扶《たす》けられて之を易え、席に反って、未だ安んぜずして没す。
後世賢者の死を易簀《えきさく》という。宜《よろ》しく仏老《ぶつろう》の臨終と併せ考うべし。
彼を以て此より深しとなすべからず。此を以て彼より拘《かか》わるとなすべからず。各々《おのおの》其の性の真を得、其の心を尽す。天地の斉《ひと》しく讃歎《さんたん》する所なり。

〔出　典〕
『礼記《らいき》』檀弓《だんぐう》上。曽子《そうし》（曽参《しん》）の臨終の故事の条り。文末三行は、安岡先生の教えである。

〔大　意〕
若き学徒諸君、『礼記』檀弓篇の次の記述を読んでいるか。
曽子の病気が重くなった。弟子の楽正子春《がくせいししゅん》は寝台の下に坐り、息子の曽元《そうげん》と曽《そう》申《しん》とは父の足もと近く坐り、童子《どうじ》は遠慮して部屋の隅に坐って灯を持っていた。

その童子が遠慮がちに尋ねて「華やかで美麗《びれい》な寝台上に置く竹むしろは、大夫より贈られた竹むしろですか」と（取り替えなくてよいのですかとの意をこめて）いった。

弟子の子春が、無遠慮な童子の質問をたしなめたが、曽子は、その童子の質問に驚いた様子で、何がいいたいのかと続けるようにうながした。童子は、再び同じ質問をした。曽子は答えて「そのとおりだ。この簀（竹むしろ）は、大夫の季孫《きそん》から賜ったものだ。自分の身分には不相応なものだったが、今まで取り替えないできてしまった。息子の元よ、すぐにこの簀を自分にふさわしいものに取り替えよ」といった。

息子の曽元は、「今、父上は危篤《きとく》の病状ですので、すぐには取り替えることはできません。幸いに病状が良くなって明朝になったら、お取り替えいたします」と答えた。これに対して曽子は、「お前のわたしを大事にする気持ちは、あの童子に及ばない。君子が、人を大事に思う場合は、徳を以て基準とし、小人の場合は、姑息《こそく》

（その場しのぎ）なやり方を選んでしまう。この臨終の場にあって、わたしが求めるものは、他でもない。正しい死に方だけだ。それだけで十分なのだ」と息子の元をたしなめた。これを聴いて曽元らは、父を抱き起こして、寝台の簀をふさわしいものに取り替えた。再び横臥《おうが》した曽子は、ほっとする間もなく死んだ。

この故事から、後世、立派な人物（賢者）の死を「易簀《えきさく》」というようになった。この曽子の臨終を釈迦《しゃか》や老子のそれと併せ考えてみるとよい。釈迦や老子の臨終が曽子のそれよりすぐれているとか、曽子の臨終は、釈迦や老子より拘泥《こうでい》しているなどと比較することなどできはしない。それぞれに、その天与《てんよ》の本性の真を極め、心を尽くしたみごとな臨終であって、世の人がこぞって讃歎《さんたん》するところなのである。

○注　釈

・易簀…「簀を易える」の意で、立派な人物の死をいう。曽参が臨終の時、丈夫から賜った簀を自分にふさわしくないといって他の物に取り替えた本文の故事に基づく。臨終に際しても、礼に基づく正しい死に方を選んだ君子人の徳を称えた故事である。

・**檀弓**…檀弓は、『礼記』の篇名《へんめい》である。檀弓上第三と檀弓下第四の二篇から成っている。「易簀」の文は、檀弓上からとられている。檀弓は人の姓名。この篇は、孔門の徒の記す所で、多く喪礼《そうれい》のことをいう。

・**曽子**…曽参のこと。孔子の弟子の一人で、誠実で（「参や魯《ろ》なり」といわれ明敏ではなかったが）、師の教えを忠実に後世に伝える役割を果たした。また、孝行で知られ、『孝経』はその著作とされている。曽子と尊称されて『論語』等にもたびたび登場する。父は曽晳。

・**疾に寝ねて病**…病気で寝ていたが、病状が悪化した（病《やまい》は疾《へい》が重くなること。疾は病気のこと。疾病は、やまいの総称）。

・**楽正子春**…曽子の弟子。師の孝行の道を継承したことで知られる。

・**隅坐**…遠慮して室隅《しつぐう》に坐すること。

・**華にして睆**…華やかな彩色をして美麗なるの意。

・**簀**…竹木を桟に組んだもので、寝台の上に置き、その上に床（ふとん）を敷く寝具。

・**瞿然**…驚くさま。

・**呼《ああ》**…訝《いぶか》って、何かと問うこと。
・**季孫**…春秋の魯の三桓《さんかん》の一。文公以後、代々大夫として魯の国政を執った。
・**病革なり**…危篤状況である。
・**幸に旦に至らば**…明朝まで御無事ならばの意。
・**彼に如かず**…童子に及ばない。
・**姑息**…一時のまにあわせ。その場しのぎの便法。
・**正を得て斃る**…礼に適った正しい死に方ができること。
・**斯に止まん**…それにて事足れり（満足だ）の意。
・**挙げ扶けられて**…抱き起こされての意。
・**仏老**…仏陀、釈迦と老子。その臨終は、その生涯と生き方に適わしい立派な臨終であったとされている。

〈解　説〉

『光明蔵』は、和漢の古典と歴史の中から人の生き方・在り方、人生のあるべき姿を教える先賢の言葉を集めて、若き学徒の学道の資として編纂《へんさん》されたものである。その掉尾《とうび》を飾《かざ》るものとして「易簀」が取り上げられている意義は、まことに大きいといわねばなるまい。立派な臨終は、その人物の生涯と生き方を端的に象徴すると考えられた安岡先生は、『東洋倫理概論』においても、しばしば数多の賢者のゆかしい臨終の様子を紹介している。

いかに生くべきかは、とりもなおさず、いかに死すべきかの工夫にかかるとする、和漢の生死観《しょうじかん》に立脚してのことであろう。

30——三 省 語

夫《そ》れ学道は難《かた》く光陰は速《すみや》かなり
慎《つつし》んで思うに
今日経籍《けいせき》を探《たず》ねて懈怠《けたい》なかりしや
師友に伴うて歓喜を得しや
世俗に交って三毒《さんどく》を厭離《おんり》せしや
外道に逢《あ》うて能《よ》く摧伏《さいぶく》せしや
艱険《かんけん》に処《しょ》して心に罣礙《けいげ》なかりしや
逍遙《しょうよう》して襟懐灑落《きんかいしゃらく》を得しや
坐作《ざさ》言語安詳《あんしょう》なりしや
誓《ちか》って我れ日に新に又日々に新ならん

〔出　典〕

『論語』学而篇《がくじ》の「三省《さんせい》」をはじめ、儒・仏の経典《けいてん》の名言が駆使されている。

〔大　意〕

そもそも、人としての道を学び行うことはむずかしく、学びの歳月は、たちまち過ぎ去ってしまう。

そこで、常に次のように自ら慎み省みようと思う。

今日一日、聖賢・仏祖の経典に道を探求して、おこたりなまけることはなかったか。

師に教えを聞き友と共に学んで、真に学ぶよろこびを味わい、堪能《たんのう》し得たか。

世俗に交わって生活する中で、貪欲《とんよく》・瞋恚《しんい》・愚痴《ぐち》など、心を害する煩悩《ぼんのう》を厭《いと》い遠ざけることができたか。

人の道にはずれる異端邪道《じゃどう》に遭遇しても、これをくじき屈服させることができたか。

なやみとくるしみに対処して、心にひっかかりさまたげるものはなかったか。

悠々自適して、こだわりのないさっぱりした心境になれたか。

立ち居振る舞いや話すことばは、安らぎおだやかであったか。

心に深く誓って、毎日自ら反省し日日によりよい新しい生き方をしていこう。

◯注　釈

・**三省語**…『論語』学而篇の「曽子《そうし》曰《いわ》く、吾《われ》、日に吾が身を三省す。人の為に謀《はか》りて忠ならざるか。朋友《ほうゆう》と交わりて信ならざるか。習わざるを伝うるか」の三省に基づく語の意。

なお、三省の三は、しばしばの意。また朱子は「三つのこと」の意とした。日に三度の意味ではない。したがって三省は、しばしば反省考察する。丁寧に反復してその身を省みるの意。

儒教の倫理は、反省の倫理であり、自己反省をして日日に新たになることであった。「誓って…」の決意の結語も、この趣旨に立っているのである。

・**曽子**…「易簀《えきさく》」の項の注釈参照。

・**夫れ学道は難く**…朱子《しゅし》の偶成詩とされる「少年老い易く、学成り難し、一寸の光陰、軽んず可からず」及び『修証義《しゅうしょうぎ》』の「光陰は矢よりも迅《すみや》かなり。身命は露《つゆ》よりも脆《もろ》し」の語句を下敷きにした教え。

・**経籍**…聖賢・仏祖の遺した書。経書、経典のこと。

・**懈怠**…おこたりなまけること。怠惰《たいだ》。

・**三毒**…衆生《しゅじょう》の善心を害する、最も根本的な三種の煩悩を毒にたとえた仏教語。貪欲（むさぼり）、瞋恚（いかり）、愚痴（仏の教えに無知なこと）の三つで、略して貪瞋痴《とんじんち》という。

・**厭離**…娑婆《しゃば》の苦痛をいとい嫌って世間を離れる。世を捨てること。いとい離れること。

・**外道**…仏教外に道を立てるもの。邪法で真理の外なるもの。人の心を害して邪道に陥らせる者。

・**摧伏**…くじき屈伏させること、折伏《しゃくぶく》に同じ。

・**艱険**…けわしい所。難所。人生のなやみやくるしみの難所。

・**罣礙**…さまたげ。妨礙。悟りをさまたげるもの。煩悩や妄想《もうそう》を指す。
・**逍遥**…そぞろあるき。さまよう、自適して楽しむこと。
・**襟懐**…心中のかんがえ。胸懐《きょうかい》。
・**灑落**…さらりと早く落ちる、心がさっぱりとしていて物にこだわらないさま。
・**坐作**…坐ったり立ったり。立ち居振る舞い。
・**安詳**…仏教語で安穏《あんのん》微妙なさま。やすらぎおだやかなこと。
・**日に新に**…『大学《だいがく》』の「苟《まこと》に日に新たに、日日に新たに、又た日に新たなり」の語句に基づく。自ら反省して修養に心がけねばならぬ意。殷《いん》の創始者、湯王《とうおう》がこの文句を盤（洗面の器）に彫り付けて、毎日の自戒の句とした故事に因《ちな》んでいる。

〈解説〉

『光明蔵』の結びのことば「三省語」は、巻頭に掲げている始まりのことば「開巻語」と相呼応して、『光明蔵』の結語となっている。

特にこの三省語は、昭和初年の金鶏《きんけい》学院・日本農士学校創設以来、今日の郷学研修所に至るまで、実に八十年余にわたり、参学する者の根本的心構えをまとめた「参学指帰《さんがくしいき》」の一つとして常に朗誦《ろうしょう》されてきた。

儒・仏の経典に立脚して、難解な名言が縦横《じゅうおう》に駆使されているが、声に出して朗誦を繰り返しているうちに、「読書百遍《ひゃっぺん》、義おのずからあらわる――意おのずから通ず」の妙機を実感・体験することができよう。

〈著者紹介〉

荒井桂（あらい・かつら）

昭和10年11月5日埼玉県生まれ。33年東京教育大学文学部卒業（東洋史学専攻）。以来、40年間、埼玉県において高校教育及び教育行政に従事。平成5年から10年まで埼玉県教育長。在任中、国の教育課程審議会委員及び経済審議会特別委員等を歴任。16年6月以来現職。安岡教学を次世代に伝える活動に従事。著書に『安岡教学の淵源』（致知出版社）『新・立志ノススメ』（邑心文庫）。

安岡正篤「光明蔵」を読む

平成二十四年八月三十一日第一刷発行

著者　荒井　桂

発行者　藤尾　秀昭

発行所　致知出版社

〒150-0001　東京都渋谷区神宮前四の二十四の九

TEL（〇三）三七九六―二一一一

印刷・製本　中央精版印刷

落丁・乱丁はお取替え致します。　（検印廃止）

ISBN978-4-88474-973-6 C0095

ホームページ　http://www.chichi.co.jp

Ｅメール　books@chichi.co.jp